AI와 인간중심주의

인공지능총서

인공지능 시대입니다. 기계가 인간의 인지를 대신하고, 사물이 인간을 통하지 않고 다른 사물과 직접 커뮤니케이션합니다. 이에 따른 인간 삶과 문명 변화를 정확히 이해·예측·대응하는 것은 이 시대 우리 모두의 과제입니다. 인공지능총서는 인공지능 기술과 환경의 여러 주제를 10가지 키워드로 정리합니다. 관련 개념과 이론, 학계와 산업계의 쟁점, 우리 일상의 변화를 다룹니다. 인간과 기술의 현재, 미래를 세심히 분석합니다.

일러두기

- 인명, 작품명, 저서명, 개념어 등은 한글과 함께 괄호 안에 해당 국가의 원어를 병기했습니다.
- 외래어 표기는 현행 어문규정의 외래어표기법을 따랐습니다.

처음이세요?

전문가세요?

AI와 인간중심주의

윤현식

대한민국, 서울, 커뮤니케이션북스, 2024

AI와 인간중심주의

지은이 윤현식
펴낸이 박영률

초판 1쇄 펴낸날 2024년 11월 22일

커뮤니케이션북스(주)
출판 등록 2007년 8월 17일 제313-2007-000166호
02880 서울시 성북구 성북로 5-11
전화(02) 7474 001, 팩스(02) 736 5047
commbooks@commbooks.com
www.commbooks.com

ISBN 979-11-7307-197-3 03500

책값은 뒤표지에 표시되어 있습니다.

차례

인간의 책임과 AI의 미래

AI에 대한 불안의 근원

유럽연합 집행위원회 인공지능 위원회는 인공지능(AI)을 ① 특정한 목표를 이용자가 정하면, ② 물리적 현실 공간이나 디지털 또는 인터넷 공간에서, ③ 주변 환경을 인지하고, ④ 획득한 정보를 해석하여, ⑤ 사전에 주어진 특정한 목표에 도달하기 위한 최선의 결론을 내리거나, 사전에 주어진 매개변수를 적용해 가장 합리적으로 행동방식을 선택하는, 인간에 의해 만들어진 시스템이라고 정의했다(황원재, 2020). 이러한 기능을 발휘하는 AI는 발전 정도에 따라 통상 세 단계로 구분된다. 약인공지능(Artificial Narrow Intelligence, ANI)은 미리 정의된 알고리즘의 작동과 빅데이터의 활용으로 비교적 지능적으로 보이는 행동 또는 결정을 할 수 있는 수준의 인공지능이다. 강인공지능(Artificial General Intelligence, AGI)은 인간과 유사한 수준의 사고를 자율적으로 수행할 수 있는 인공지능을 말한다. 초인공지능(Artificial Super Intelligence, ASI)은 모든 면에서 인간의 능력을 초월하는 인공지능이다(손승우 · 김윤명, 2016). 이러한 기준에 따르면, 현재 우리가 접하고 있는 AI는 약인공지능의 단계라고 볼 수 있으며, 강인공지능(AGI)의 수준으로 가기 전 단계다.

그런데 AI에 대한 우려를 나타내는 의견 중 상당수는 마치 지금 우리가 이미 초인공지능(ASI) 시대에 살고 있거나 적어도 강인공지능 정도 수준의 AI 기술을 이용하고 있거나 혹은 강인공지능이나 초인공지능의 개발이 곧 도래할 것이라고 예정하는 것처럼 보인다. 이러한 전제는 적절하지 않다. 무엇보다도 이러한 우려와 공포의 대상이 되는 AI는 아직 등장하지 않았다. AI가 인류에게 위해를 가할 수 있다고 하는 주장의 대부분은 강인공지능 이상의 단계에서나 있음 직한 가설들을 바탕으로 하는데, 강인공지능조차 개발 단계에 있다. 만일 강인공지능이 개발된다면, 아마도 인간이 이를 규제할 것인지를 논하기 전에 AI가 먼저 인간과의 관계 재설정을 요구할지도 모른다. 그러나 이 역시 상상의 영역일 뿐이다. 인류에게 위협이 될 수 있는 위험을 사전에 해소하자는 취지에 동감할지라도 그 주장이 현실에 근거하지 않은 것이라면 동의하기 어렵다.

그럼에도 AI에 대한 불안과 공포는 계속된다. 보통 사람들은 물론이고 AI분야의 전문가나 빅테크(Big Tech) 관계자들조차 간혹 불안을 호소하거나 우려를 제기하는 대열에 합류한다. 이러한 현상이 발생하는 근저에는 AI의 기능을 인간의 그것과 비교하면서 인간의 활동에 적용되어야 할 개념어를 AI의 작동에 그대로 적용함으로서 AI가 인간처럼 여겨지게 만드는 착시가 깔려 있다. '지능', '학습', '이해', '인식', '감정', '자율' 등 인간 혹은 생명체의 행태에 고유한 개념어가 AI의 설계에서부터 활용에 이르기까지 AI에게 적용된다.

인간의 지적 능력과는 전혀 다른 메커니즘에 '지능'이라는 이름이 부여되었다. 하지만 AI의 발전 단계를 판단하는 기준이 되는 인간의 지능은 어떤 정도인지, 누구의 또는 어떤 부류의 지능이 그 기준이 될 수 있는지 알 수 없다. '학습'도 마찬가지다. AI가 처리하는 정보의 양과 정보 처리의 속도는 인간이 상상할 수 있는 범위를 넘는다. 하지만 AI의 정보 처리 메커니즘은 인간의 그것과 같은 구조로 이루어져 있지 않다. 일정한 조건 연산을 반복 수행하는 AI의 기계적 학습은 인간의 학습 방식과 단순 비교할 수 있는 여지가 없다(신동일 · 김두환, 2019). 이외에 '자율'이나 '감정', '자유의지' 같은 개념어들 역시 마찬가지다. 이 개념어들이 AI에 대한 낙관과 비관의 상당한 비율을 만들어 내는 중요한 요인이다.

환각 혹은 쓰레기

신뢰할 수 있는 인공지능은 AI의 미래와 직결된 중요한 주제다. AI가 믿을 수 있는 정보 처리를 해낸다면 인간에게 고유한 개념어를 AI에게 적용할지라도 큰 문제가 되지는 않는다. 그러나 믿지 못할 결괏값이 계속 나오면 개념어들과 현실의 괴리로 인해 AI에 대한 불안감이 가중될 것이다. 국제 프라이버시 전문가 협회(IAPP)의 수재너 힉스(Suzannah Hicks)가 지적하듯, AI의 편향적 결과는 매우 쉽게 일어난다. AI의 편향성은 굳이 의도해서도 아니고 그저 단순한 실수로 뭔가를 빼먹어도 발생하기 때문이다(보안뉴스, 2023). 대량언어학습모델(LLM)이든 이미지 파일이든 간에, 입력된 데이터를 기반으로 출력을 하는 AI의 입장에서 힉스가 지적한 사건의 발생은 지극히 상식적인 일이다. AI의 편향성은 변수가 아닌 상수다. 가치중립을 유지하면서 객관성과 합리성 및 형평성을 갖춘 AI는 이러한 불안감을 해소해 줄 수 있다. AI의 편향성 논란을 해소할 수 있는 가장 좋은 방법은 질적, 양적으로 관리 가능한 AI 설계와 학습이다. 하지만 결정적인 문제는 AI의 설계와 학습 과정에 80억 인류 전체가 참여할 수 없다는 것이다. 양적 질적 균형이 기계적으로 맞추어질 수 없는 상태에서 AI의 신뢰성을 담보하기 위해서는 인류의 합의 위에 객관적으로 감시와 견제가 가능한 제도와 정책을 마련하는 길밖에 없다.

AI 시스템의 '블랙박스(Black Box)' 역시 마찬가지 관점에서 생각할 수 있다. AI가 연산 처리된 결괏값을 출력하지만 시스템 안에서 어떤 방식으로 연산이 이루어졌는지를 알 수 없는 현상을 블랙박스라고 한다. AI의 신뢰도를 높이기 위해서는 알고리즘이 어떻게 결과에 도달하는지, 편향 또는 매개변수 등에 대한 규칙이 어떻게 작동했는지 등을 알 수 있어야 한다. 의료나 자율주행 등 생명과 직결된 의사 결정에 AI가 사용될 때 블랙박스는 심각한 결과를 만들어 낼 수도 있기 때문이다. 대응 방안으로 우선 제기되는 것은 '설명 가능한 AI(XAI)'다. 미국 국립표준기술원(NIST)은 XAI에 대해 ① 왜 그런 출력이 나왔는지에 대한 '설명', ② 사용자들이 이해할 수 있는 '의미 전달', ③ 프로세스를 올바르게 반영한 '설명 정확성', ④ 신뢰할 수 있을 때만 운영되는 '지식 제한'이라는 네 가지 원칙을 제시한다. XAI는 AI에 반영된 편향의 질을 구분하는 데 일정한 도움을 준다. 하지만 XAI가 편향성 자체를 직접 감지하지는 못한다. 결국 블랙박스 문제를 원천적으로 제거하기 위해서는 AI의 작동 방식을 해석할 수 있어야 한다(양승갑, 2024.4.16). 미국의 AI 업체인 앤트로픽(Anthropic)은 자사의 대량학습언어모델 AI를 이용해 시스템 작동 과정에서 개념이 어떻게 표현되는지를 확인했다. 해당 AI 모델 내부에서 특정 단어에 대한 언급이 있을 때 연관 단어나 단어 일부가 활성화되었다. 이를 이용해 AI에서 특정한 특징을 인위적으로 키우거나 억제해 AI가 생성하는 결과물을 바꿀 수도 있다고 한다(Anthropic, 2024.5.21). 아직 완전히 블랙박스 문제를 해결한 것은 아니지만, 블랙박스의 기전을 유추할 수 있는 실마리를 찾았다는 데 의미가 있다. 이러한 기술의 발전과 제도적 안전장치 마련이 AI의 신뢰를 높이는데 기여할 것이라고 기대할 수 있다. 그렇다면 이러한 개별적이고 기술적인 대안이 확보됨으로써 AI에 대한 불신과 불안을 불식할 수 있을 것인가?

캐나다의 경제학자이자 저널리스트 나오미 클라인(Naomi Klein)은 기술 CEO와 그 팬들이 기껏해야 알고리즘 쓰레기(algorithmic junk)에 불과한 오류들을 '환각(hallucination)'이라면서 말장난을 하고 있다고 지적했다. '환각'은 존재하지 않는 개념이나 정의를 챗봇이 마치 실재하는 개념이나 정의인 것처럼 제시하는 경우를 일컫는 용어다. AI로 이익을 얻는 업계 관계자들이 말장난을 이용해 사실을 호도하고 있다는 것이 클라인의 주장이다. 그러면서 클라인은 AI가 제공하는 쓰레기들의 책임이 누구에게 있는지를 묻는다. 즉, 클라인은 "① 생성형 AI의 설계를 누가 주도하는가? ② 생성형 AI의 발전 방향을 누가 결정하는가? ③ 생성형 AI의 결과물을 누가 챙기고 있는가?"라는 주체의 문제를 짚고 있는 것이다(Klein, 2023.5.8). 좀 더 직설적으로 문제를 재구성하자면, 위험한 것이 AI인지, 아니면 AI의 알고리즘을 직조하고 데이터를 공급하는 인간인지를 명확히 해야 한다는 점이다. 이 문제는 결국 AI를 대상으로 하는 모든 규제와 대안은 실제로는 인간을 대상으로 하는 것일 수밖에 없다는 결론으로 이어진다. 예를 들어 "인권을 보호하기 위해 AI를 통제해야 한다"는 명제는 AI를 개발, 관리, 이용하는 인간을 통제해야 한다는 것을 의미한다.

사회 시스템의 오작동

인간이 AI에 의존하는 경향이 강해지면서 인간에 대한 통제의 효과가 떨어지는 일이 발생할 수 있다. 인간이 AI를 이용해 어떤 결정을 할 때 두 가지 방식이 가능하다. 하나는 인간 대신 AI가 직접 결정을 하도록 하는 방식이고, 다른 하나는 AI의 조력을 받지만 결정은 인간이 하는 방식이다. 전자는 AI에게 전적으로 결정 권한이 위임되어 있지만, 후자는 인간의 결정 권한이 인간에게 유보되어 있는 것처럼 보인다. 그런데 AI가 정보를 독점 내지 과점하고 있고, 인간이 그런 AI를 신뢰하고 있는 상황이라면 두 방식의 결정 결과에는 차이가 없을 것이다. 형식상 AI가 조력자에 머문다고 할지라도 AI가 제공하는 정보가 절대적으로 신뢰받고 있다면, 그 정보에 기반해 인간이 내린 결론은 결국 AI가 직접 내린 결론과 다르지 않을 것이기 때문이다.

이처럼 AI의 이용자들이 AI의 연산 처리에 주요한 사안의 향방을 맡기게 되면 인간이 사안을 통제하는 효과는 희미해질 것이다. 예컨대 입법부나 사법부를 불신하는 사람들은 AI가 법률을 만들도록 하라거나 AI에게 재판을 받겠다고 요구할 수 있다. 이때에도 AI에게 전권을 주는 방법과 AI의 조력을 얻어 인간이 권한을 행사하는 방법이 있다. 그 결과는 앞서와 마찬가지인데, AI를 조력자의 위치에 고정한다고 하더라도 입법이나 재판 과정에서 AI가 제공한 법률적 지식이 결정적이라면 결국 그 입법이나 판결은 AI가 한 것과 다름없다.

이 문제는 사회 시스템의 작동에 직접적인 영향을 미

친다. 특히 민주주의와 법치주의의 골간을 흔들 위험이 있다. 법치주의는 민주주의를 지탱하는 기둥 중 하나다. 법치주의는 제정법에 의하여 국가 권력을 제한하고 통제함으로써 자의적 혹은 폭력적 지배를 배제하는 원칙이다. 법치주의의 운영 원리는 민주적으로 구성된 정부가 법의 한계 안에서 합리적이고 공적으로 권한을 행사하는 것이다. 그런데 입법과 사법이 민주적 절차에 따라 이루어지는 것이 아니라 AI에게 맡겨진다면 법치주의는 혼란을 맞게 된다. 헌법 제1조 제2항은 "대한민국의 주권은 국민에게 있고, 모든 권력은 국민으로부터 나온다"라고 규정하고 있다. AI가 입법과 사법을 담당한다는 것은 입법부와 사법부가 아닌 AI에게 주권자로부터 권력이 위임된다는 것을 의미한다. AI에게 권력이 위임되었다는 말은 AI를 설계하고 학습시키고 명령할 수 있는 기술 전문가 혹은 이들 전문가에게 데이터를 제공하는 사람들에게 권력이 위임되었다는 말에 불과하다. 기술 전문가와 데이터 제공자는 민주적 절차에 따라 주권자인 국민으로부터 권력을 위임받은 사람이 아니다. 결국, 민주적 정당성을 갖추지 않은 사람들이 AI를 이용해 공권력을 행사하는 결과가 발생한다. 그렇게 되면 AI를 다루는 전문가 혹은 데이터 제공자가 체제의 헤게모니를 장악하게 되고, 권력의 행사를 법이 아니라 그들의 선의에 맡겨야 한다. 이러한 현상은 사람이 아닌 법의 통치라는 법치주의 원칙의 근간을 형해화하고 민주주의를 위협한다. 이 상황에서 AI가 제공하는 입법이나 사법 정보가 불편부당하고 가치중립적이며 객관적으로 신뢰할 수 있는 정보냐를 따지는 건 실익이 없다.

이 딜레마를 해결하는 방법은 처음부터 이런 딜레마에 빠지지 않는 것이다. AI로 인한 법치주의의 파괴 혹은 공백을 예방하는 방안은 AI가 활용될 수 있는 모든 분야에 선제적으로 법치주의 원칙을 적용하는 것이다. 신뢰할 수 있는 AI를 만드는 것이 중요한 것이 아니라 인간의 책임을 어디까지 할 것인지, 어떤 방식으로 인간이 책임을 질 것인지를 명확히 하는 것이 중요하다.

AI를 사람처럼 만들기

AI가 사람과 대화를 하고 악보를 만들고 그림을 그려 내면서 AI의 권리의무관계를 어떻게 설정할 것인가라는 논의가 커지고 있다. AI에게 법인격을 부여하자는 주장은 이러한 논의에서 중요한 위치를 차지한다. 그런데 논란의 규모가 무색할 정도로, AI의 권리의무관계로 상정되는 모든 사회적 · 경제적 · 법률적 문제는 실제로는 인간의 문제다. AI 기술의 특허권, AI가 만든 혹은 관여한 작품의 저작권이나 소유권, AI 자율운행 차량의 사고에 따른 형법적 책임 등 사실상 AI가 아니라 인간이 책임져야 할 문제들이 마치 AI가 권리의무의 주체로 설정되어야만 해결될 수 있는 문제들처럼 논의되고 있다. AI는 기술의 결과물이다. 기술 그 자체는 인간의 주체성을 대신할 수 없다. 이 원리를 전제하면 지금 논의되고 있는 AI의 위험성에 대한 경고나 법적 대비를 촉구하는 주장은 AI가 아니라 AI를 개발하고 활용하고 팔고 사는 사람들이 저지를 수 있는 문제에 대한 경고임을 알 수 있다. 현존하는 AI는 정작 자신들을 둘러싸고 벌어지는 권리의무관계의 논쟁을 알지도 못할뿐더러 설령 관련한 데이터를 입력한들 그 의미를 이해하지 못한다. 이 상황에서 AI에게 법인격을 부여하자는 주장은 자칫 AI를 통해 발생한 이익에 대해서는 권리를 행사하면서도 AI가 유발한 문제의 책임은 회피하려는 방편으로 제기되는 것이 아닌지를 의심해야 한다.

초인공지능(ASI)이 등장한 먼 미래를 예상해 보자. 초인공지능은 모든 면에서 인간의 능력을 초월하는 존재일 것이다. 이러한 존재를 인간은 신 또는 악마로 여겨왔다. 완전한 자율성과 사고 체계를 갖춘 초인공지능의 인식 체계를 인간이 이해할 수 없을 것이다. 인간이 신 또는 악마의 세계관을 이해할 수 없는 것과 마찬가지다. 이처럼 우월한 존재에 대해 인간이 초인공지능의 인격을 운운한다는 것 자체가 의미 없는 행위다. 신 또는 악마는 인간에게 굳이 존재의 의미를 확인받을 필요가 없다. 따라서 언제가 될지 모르지만, 초인공지능 또는 그보다는 좀 더 인간에 가까운 강인공지능이 등장할 것을 대비해서 AI에게 미리 법인격을 부여해야 한다는 논리는 무용하다. 실제로 그 때가 도래하면 AI에게 법인격을 부여하느냐 마느냐 하는 논의는 한가한 이야기가 될 것이다. 인류는 AI에게 많은 것을 양보하고 공존하는 길을 택할 것인지, 아니면 한쪽의 절멸을 목표로 생사를 건 투쟁을 할 것인지 양자택일의 기로에 서 있을 것이기 때문이다. 그게 싫다면 이제 해야 할 일은 AI가 인간을 초월해 스스로의 판단에 따라 인간과의 관계를 설정할 수 있을 정도의 능력을 가지지 않도록 제어하는 것이다. 당연히 AI를 개발하는 사람, 활용하는 사람의 책임을 명확히 하는 것이 핵심이다(윤현식, 2021).

인간을 중심으로 AI를 바라보기

'인간(종)중심주의'라는 말은 많은 오해에 휩싸여 있다.

인간의 오만함 때문에 동물이나 자연이 착취되어서는 안 된다는 인식이 커지고 있는 지금 인간중심주의는 시대착오적 유물처럼 취급되기도 한다. 인간중심주의의 원리는 인간을 사유 체계의 중심에 놓는 것이다. 인간의 가치관과 경험이 세계를 해석하고 변화를 실천하는 과정 전반의 토대가 되기에 인간이 아닌 존재를 부차적으로 다룬다는 비판은 충분히 근거가 있다. 그러나 인간중심주의는 폐쇄적인 관점의 인간우월주의나 인간예외주의에 매몰된 사고를 의미하는 것이 아니다. 오히려 인간 외적 존재에 대한 배타적 자세를 취하는 것은 인간중심주의 본연의 가치를 매우 협소하게 만드는 것이다. 인간중심주의를 폐쇄적 인간중심주의와 개방적 인간중심주의로 나누고, 인간중심주의의 시야를 확장하자는 입장이 있다. 이 입장은 폐쇄적 인간중심주의와 거리를 두면서, 스스로 자신을 보호할 역량이 없는 동물을 대변하는 데까지 인간의 책임을 확장하자고 주장한다(소병철, 2017). 그러나 이렇게 소극적으로 몇몇 동물, 그것도 고통을 느끼는 정도에 따라 상이한 정도로 한정된 범위의 동물들에게만 인간의 책임을 확장할 이유는 없다. 인간중심주의는 인간과 인간 이외의 모든 존재가 어떤 관계를 가지고 있는지를 숙고하고, 인간종과 인간 외적 존재의 공존, 그리고 이를 위한 인간의 책임을 우선하는 사고방식이기도 하다. 이 책임에는 인간에 대한 책임과 인간 외적 존재에 대한 책임이 포함된다. 예를 들어 동물과 자연을 착취하는 인간의 행위는 그러한 행위로 말미암아 생존을 위협받는 인간종 안의 다른 사람에 대한 연대의식과 책임의식이 불충분했기에 벌어졌다고 해석한다. 인간이 인간 외적 존재를 착취하는 행위는 본질적으로 자신이 속한 인간종 자체에 대한 존중과 애정이 부족해서 벌어진 일이기 때문이다. 동시에 그러한 행위를 방조하거나 공조함으로써 부당하게 인간 외적 존재의 생존을 위협하고 해당 존재와 공진화할 수 있는 가능성을 소거시킨 책임을 상기한다. 이것이 인간중심주의 본연의 태도다.

이러한 인간중심주의 관점은 AI에 대해서도 적용될 수 있다. 다만 동물이나 자연물과 같은 존재와는 달리 인간의 피조물인 AI에 대해서는 AI를 착취하거나 AI의 생존을 위협하는 행위를 전제하지는 않는다. AI를 착취하거나 AI의 생존을 위협하는 일은 애초부터 존재하지 않으며, AI의 오남용 문제와 그에 따른 책임의 문제는 동물이나 자연물에 대한 것과는 질적으로 다르기 때문이다. 중요한 건 역시 인간의 책임이다. AI 기술이 발달하고 삶의 구석구석에서 사용이 이루어지면서 발생하는 문제를 책임질 주체는 AI가 아니라 인간이다. 그럼에도 AI에게 어떤 인격성을 부여하고 AI를 권리의무의 주체로 승격시켜야 한다는 논의가 계속된다. 이러한 논의가 일견 설득력을 가지면서 파급되는 건 AI에 대한 오해를 일으키게 만드는 여러 장치 때문이다. 그중 중요한 것이 마치 AI를 사람처럼 여기게 만드는 용어들이다. '지능', '학습', '자율', '인격' 등이 그것이다. AI를 설명할 때 동원되는 이러한 개념어들이 어떤 의미를 지니고 있으며, 이 말이 사용되는 이면에 어떤 속내가 감춰져 있는지를 드러내는 것이 이 책의 목적이다. 각 장은 AI와 관련된 개념어의 의의, 개념어가 사용된 배경, 인간의 책임 등을 개관하는 형태로 구성했다. 인간중심주의 본연의 원리에 입각해 인간의 책임을 일관되게 상기하고 강조하는 형식으로 이야기를 전개했다. 관념적이고 추상적인 논의가 아니라 현실에 적용할 수 있는 구체적이고 실질적인 대안을 이 책에서 찾을 수 있기를 기대한다.

참고문헌

보안뉴스(2023.5.6). [주말판] 진실을 추구하는 안전한 인공지능, 있을 수 있을까?

https://www.boannews.com/media/view.asp?idx=117674
소병철(2017). 인간중심주의적 동물윤리의 가능성에 관한 소론, ≪철학논집≫, 제49집, 서강대학교 철학연구소, 109-139쪽.
손승우 · 김윤명(2016). 인공지능 기술 관련 국제적 논의와 법제 대응방안 연구, 글로벌 법제전략 연구 16-20-6, 한국법제연구원.
https://www.klri.re.kr/kor/publication/1659/view.do
신동일 · 김두환(2019). 인공지능과 법체계: 전자인격론의 모순과 정보권한과의 갈등을 중심으로, ≪강원법학≫, 제57권, 강원대학교 비교법학연구소, 463-514쪽.
양승갑(2024.4.16). 과정 모르는 'AI 블랙박스' … 해결 아닌 해석 필요한 이유, Techworld.
https://www.epnc.co.kr/news/articleView.html?idxno=300324
윤현식(2021). AI에 대한 법인격 부여의 근거로서 탈인간중심적 법이론의 가능성, ≪민주법학≫, 제76호, 민주주의법학연구회, 25-74쪽.
황원재(2020). 인공지능 시대의 계약자유의 원칙과 법 적용상의 문제점, ≪법학논총≫, 제27집 제1호, 조선대학교 법학연구원, 163-191쪽.
Anthropic(2024.5.21). Mapping the Mind of a Larger Language Model. Available at
https://www.anthropic.com/research/mapping-mind-language-model
Future of Life Institute, Pause Giant AI Experiments: An Open Letter. Available at
https://futureoflife.org/open-letter/pause-giant-ai-experiments/
Klein, N.(2023.5.8). [Opinion] Naomi Klein AI machines aren't

'hallucinating'. But their makers are, The Guardian, Available at https://www.theguardian.com/commentisfree/2023/may/08/ai-machines-hallucinating-naomi-klein

01
AI의 창조주

인간처럼 생각하고 행동하는 것을 만들자는 욕망은 AI를 탄생시켰다. 인간은 AI를 설계, 이용, 소유한다. 그러나 인간의 능력을 초월할 수 있는 AI의 등장이 예상되면서 AI가 인간에게 위협이 될지도 모른다는 불안이 싹트고 있다. 피조물이 창조주의 자리를 밀어낼 수도 있다는 공포의 양상은 어떠한지, 그 공포 근거는 무엇이며 본질은 무엇인지 살펴본다.

AI와 1인 창업?

신의 창조주

지능을 획득한 인간에게는 의문으로 가득 찬 세계를 이해하기 위해 인과율에 따른 설명이 필요했다. 우주의 작동 원리를 과학적으로 추론할 수 없었던 인류는, 존재의 근원과 현상의 본질을 설명하기 위해 신을 소환했다. 전능한 존재의 개입, 데우스 엑스 마키나(Deus ex machina)를 통해 미지의 시공간은 지상의 사람들에게 생존의 기반으로 보장되었다. 인간의 이지가 채우지 못하는 공백에 신이 자리했고, "초인적 질서"가 존재함을 인정함으로써 "규범과 가치를 설정"하게 되었다(유발 하라리, 2015). 인간은 신을 창조했음에도 스스로 피조물의 위치를 자임했다. 하지만 창조된 신은 인간이 자신들의 지위를 넘볼지 모른다고 염려했다. 신은 "인간이 우리와 같이 될까 두렵다"라며 낙원에서 인간을 추방했다(기독교 성경 창세기 제3장). 신을 동원해 세계를 이성적이고 합리적으로 해석하려 했던 인간은 주술의 영역으로 회귀하고 말았다.

피조물인 신이 창조주인 인간을 핍박하는 이 모순을 극복하기 위해 인간은 또다시 전능한 무엇을 열망하게 된다. 자기의 일을 모두 대신해 줄 수 있는 무언가를 소망한다. 간혹 신화적 서사들이 이 난망한 소망을 어루만

졌다. 헤파이스토스가 만든 '황금으로 만든 하녀들'은 그 대표적인 예다. 이 기계는 "살아 있는 소녀들과 똑같아 보였는데, 가슴속에 이해력과 음성과 힘도 가졌으며 불사신들에게 수공예도 배워 알고" 있었다(호메로스, 2015). 인간의 생각과 말을 이해할 수 있으며 인간에게 조력할 수 있는 인간이 만든 피조물에 대한 상상은 신화의 시대를 훌쩍 넘어서까지 이어졌다. 조너선 스위프트(Jonathan Swift)의 소설 『걸리버 여행기』 제3부에서, 주인공 걸리버는 천공의 섬 라퓨타 아래에 있는 발니바비 섬의 수도 라가도를 방문한다. 걸리버는 라가도의 대학술원 견학을 허가받고 학술원에서 진행하고 있는 연구를 둘러본다. 이 과정에서 걸리버는 문장을 배열하는 틀을 연구하는 학자를 만난다. 이 학자는 그 틀이 "지극히 무지한 사람도" "특별한 재능이 없고 공부를 하지 않더라도 상관" 없이 "철학, 시, 정치, 법, 수학, 신학에 관한 책을 쓸 수" 있도록 도와줄 것이라고 전망했다(조너선 스위프트, 2019). 당대를 풍자하고자 했던 스위프트의 본심과는 별개로, 알아서 문장을 만들어 내고 사람들이 충분히 이용할 수 있도록 하는 기계, 인간과 커뮤니케이션을 할 수 있는 인공물에 대한 상상은 유전처럼 계승되어 왔다. 그리고 오늘날 단지 상상만이 아니라 현실에서 인간처럼 말하는 인간 아닌 존재를 인간이 만들어 내기 시작했다.

"우리와 같이 될까 두렵다"

앨런 튜링(A. M. Turing)은 1950년 그의 논문을 통해 "기계는 생각할 수 있을까?(Can machines think?)"라는 문제를 제기했다(Turing, 1950). 컴퓨터가 생각할 수 있는지에 대한 판단 기준으로 그는 튜링 테스트(Turing Test)를 제안했다. 튜링의 논문이 발표된 6년 후인 1956년, 미국 다트머스 대학에서 개최된 회의(Dartmouth Conference)에 참여한 과학자들은 '지능을 가진 기계'를 '인공지능(Artificial Intelligence)'이라 칭했다(이건명, 2018). 이 회의를 주최한 과학자들은 AI를 "인간이 그렇게 한다면 '지능적'이라고 할 수 있는 방식으로 기계를 행동하게 만드는" 문제라고 정의하고 있었다(McCarthy et al., 1955). 생각하는 기계, 그것도 인간의 지능적인 방식과 유사한 방식으로 사고하는 기계를 만드는 건 신처럼 되고픈 인간의 오랜 숙원이었다. AI가 현실이 되어 일상의 한 부분으로 자리한 건 다트머스 회의로부터 한 갑자(甲子) 이상이 흐른 뒤였지만, 일단 속도를 내기 시작한 후로는 창조의 진행에 가속이 붙기 시작했다. 인지과학자인 데이비드 존 차머스(David John Chalmers)는,

2037년경 범용인공지능(Artificial General Intelligence, AGI)과 결합한 인류가 태초부터 궁구했던 각종 철학의 난제에 대한 해답을 얻을 수 있을 것으로 전망했다 (Beneficial AI 2017 Conference).

정작 AI가 현실이 되면서 AI의 창조주인 인간은 과거 자신들이 창조했던 신이 인간에 대해 염려했던 바를 그대로 AI에게 투영하고 있다. "AI가 우리와 같이 될까 두렵다"라는 것이다. 인간의 인지능력을 흉내 내는 정도가 아니라 인간의 그것을 훨씬 초월하는 AI의 탄생 가능성, 그리고 그렇게 태어난 초인공지능이 결국 인류를 멸절로 몰아갈 수도 있다는 공포가 번지고 있다. 특이점(singularity)을 넘어선 AI의 미래를 예측할 수 없기 때문이다. 컴퓨터 과학자이자 미래학자인 레이 커즈와일(Ray Kurzweil)은 특이점을 넘은 인류는 완벽한 존재로 거듭날 수 있다는 긍정적인 전망을 보이기도 하지만(레이 커즈와일, 2007), 인류를 위기로 몰아넣을 수 있다는 불안은 커지고 있다. 미국 국무장관을 역임한 정치학자 헨리 키신저(Henry Kissinger)는 작고하기 얼마 전, 세계가 일치단결하여 AI 개발을 잠정 중단하는 '모라토리엄'을 설정해야 한다고 충고했다(한국군사문제연구원, 2023). 거의 비슷한 시기에 일론 머스크(Elon Musk), 유발 하라리

(Yuval Harari) 등 빅테크의 거물들과 유명 학자들 다수가 즉각적으로 6개월 이상 거대 AI 실험을 멈추라는 공개 서한을 발표했다(Future of Life Institute, 2023). 인공지능의 개척자 제프리 힌턴(Geoffrey Hinton) 교수도 그즈음 그동안 자신의 연구를 후회한다는 인터뷰를 진행했다(Metz, 2023.5.1). 힌턴 교수는 다른 인터뷰에서 AI는 우리와 완전히 다르지만, 영어를 너무 잘하는 외계인들을 보며 사람들이 외계인이라고 실감하지 못하는 것과 비슷한 상태라며 우려했다(Heaven, 2023.5.2).

기술 진보의 방향과 안전성을 확보할 수 있는 장치에 관한 합의가 이루어질 때까지 AI 연구 개발을 중단하자는 주장은 인간이 피조물에 의해 에덴으로부터 추방될지도 모른다는 공포가 얼마나 큰지를 보여 준다. 불안과 공포를 잠재우기 위한 노력이 후속될 수밖에 없다. 대표적인 것이 '아실로마 AI 원칙(Asilomar AI Principles, 2017)'이다. 이 원칙은 AI의 능력 상한선에 대한 가정을 유보하고 있다. 이는 AI가 어디까지 그 능력을 발전시킬지에 대해 누구도 예측하기 어렵다는 것을 의미한다. 초지능 AI는 지구 생명체의 역사에 중대한 변화를 초래할지도 모른다. 따라서 AI 개발은 엄격히 통제되어야 하며 인류에게 공유되는 윤리적 이상에 복무해야 함을 이 원칙은 강조한다(Future of Life Institute, 2017).

국제기구와 세계 각국은 AI 기술의 안정성에 관한 합의를 도출하기 위하여 노력하고 있다. 2019년 EU는 '신뢰 가능한 인공지능을 위한 윤리 가이드라인(Ethics Guidelines for Trustworthy AI)'을 채택했다. 이 가이드라인은 인간 존중의 윤리원칙에 부합하는 방식의 AI 시스템 개발, 배포 및 사용, 주체별 정보 비대칭의 해소, 특히 취약집단에 대한 주의를 촉구하고 있다(EU, 2019). 경제협력개발기구(OECD)는 2019년, 'OECD 인공지능에 관한 이사회 권고(OECD Recommendation of the Council on Artificial Intelligence)'를 제출했고, 같은 해에 주요 20개국(G20) 오사카 정상회의에서는 'G20 인공지능 원칙(G20 AI Principles)'을 채택했다. 이들 국제기준은 AI와 관련해 공통적으로 ① 인권 및 인간 존엄성을 최우선의 가치로 보장, ② 인간의 다양성 존중 및 차별 방지, ③ AI 시스템의 투명성, 설명 가능성 및 책임성의 확보, ④ 개인정보 및 프라이버시 보호를 강조하고 있다(국가인권위원회, 2020.5.6).

급속한 AI 기술의 발전은 피조물에게 창조주의 자리를 내어주고, 급기야 창조주의 자리를 차지한 피조물에 의해 인간이 축출되었던 트라우마를 상기시킨다. 그러나 문제의 트라우마는 인간의 상상력이 만들어 낸 가공의 것일 뿐이다. AI에 대한 불안과 공포는 실제로는 AI 자체가 아니라 이 첨단기술을 만들어 내고 활용하는 다른 인간에 의해 유발된다. AI가 우리를 낙원으로부터 추방할지도 모른다는 불안은 기실 AI 기술로 인해 내가 '우리' 안에서 축출되거나 열등한 지위로 떨어질지 모른다는 것을 의미한다.

참고문헌

국가인권위원회(2020.5.6). 「인공지능산업 진흥에 관한 법률안」에 대한 의견 표명.

레이 커즈와일 지음, 장시형 · 김명남 옮김(2007). 『특이점이 온다-기술이 인간을 초월하는 순간』, 김영사.

유발 하라리 지음, 조현욱 옮김(2015). 『사피엔스』, 김영사.

이건명(2018). 『인공지능-튜링 테스트에서 딥러닝까지』, 생능출판.

조너선 스위프트 지음, 이종인 옮김(2019). 『걸리버 여행기』, 현대지성.

한국군사문제연구원 뉴스레터 제1484호(2023.7.12). https://www.kima.re.kr/3.html?Table=ins_kima_newsletter&s=11&mode=view&uid=1530&page=8&section=

호메로스 지음, 천병희 옮김(2015). 『일리아스』, 도서출판 숲.

EU(2019). High-Level Expert Group on Artificial Intelligence, Ethics Guidelines for Trustworthy AI.

Future of Life Institute(2017). Asilomar AI Principles, Available at https://futureoflife.org/open-letter/ai-principles/

Future of Life Institute(2023). Pause Giant AI Experiments: An Open Letter, Available at https://futureoflife.org/open-letter/pause-giant-ai-experiments/

Heaven, W. D.(2023.5.2). Geoffrey Hinton tells us why he's now scared of the tech he helped build, MIT Technology Review. Available at https://www.technologyreview.com/2023/05/02/1072528/geoffrey-hinton-google-why-scared-ai/

McCarthy, J. et al.(1955). A proposal for the Dartmouth summer research project on artificial intelligence. Available at http://www-formal.stanford.edu/jmc/history/dartmouth/dartmouth.html

Metz, C.(2023.5.1). 'The godfather of AI' Leaves Google and warns of danger ahead, The New York Times. Available at https://www.nytimes.com/2023/05/01/technology/ai-google-chatbot-engineer-quits-hinton.html

The Beneficial AI 2017 Conference, Superintelligence: Science or Fiction?, Available at https://youtu.be/h0962biiZa4?si=ewfF8v-7DIzJHD9l

Turing, A.(1950). Computing Machinery and Intelligence, *Mind, New Series*, Vol. 59, No. 236, pp. 433-460.

02
AI의 학습

AI는 기계학습, 강화학습, 심층학습의 단계를 거치며 인간의 말과 행동을 거의 모사할 정도로 발전했다. 이러한 AI의 학습을 위해서 막대한 양의 데이터가 필요하다. AI의 학습과 인간의 학습은 어떤 차이가 있는지, AI에게 입력되는 정보의 양과 질을 결정하는 핵심이 무엇인지, AI의 학습 과정에 반영되는 이해관계는 무엇이며 어떤 문제가 발생하는지 살펴본다.

AI와 MBTI?

인간의 학습

공자는 "배우고 때때로 익히면 즐겁지 않은가(學而時習之不亦說乎)"라고 하여 학습의 즐거움을 찬탄했다(논어, 학이편 1장). 배움(學, study or learn)이 이론을 획득하는 것, 지식을 충족하는 것을 의미한다면, 익힘(習, training or exercise)은 머리로만 아는 것이 아니라 몸이 저절로 행할 수 있도록 반복하는 것을 의미한다. 학습의 최종 국면은 무의식적 반응이다. 자전거 타기 또는 자동차의 운전은 이 무의식적 반응을 가장 쉽게 이해할 수 있는 사례다. 신체를 움직이는 대부분 행위가 그렇다. 운동선수들은 이론을 습득하는 것에 멈추지 않고 끊임없이 연습을 반복함으로써 목적하는 동작을 몸에 새긴다. 학습은 유형물을 다루는 기술적인 차원에만 국한되지 않는다. 타인에 대한 예의, 사회적 관계의 유지, 더 나가 세계를 해석하고 그에 대응하는 자세에 이르기까지, 이 모든 행위는 학습의 결과물이다.

하지만 학습을 하는 과정은 순탄치 않다. 공자가 스스로 자신만큼 배움을 즐기는 사람이 없다고 할 정도로 대부분 사람은 공부, 즉 학습을 즐기지는 않는다. 목적 의식적인 학습, 예컨대 입시, 학위나 자격의 취득을 위한 공부는 인내를 요구하는 고통의 연속이다. 더구나 학습은 인간에게 희열과 희망만을 안겨 주지 않는다. 세계를 알면 알수록 번민하게 될 수 있으며, 때론 알게 됨으로써 절망하고 분노하기도 한다.

그럼에도 인간은 끊임없이 스스로를 다그치며 배우고 익힌다. 그리고 그 과정에서 즐거움을 찾아낸다. 자신이 관심을 가지고 좋아하는 분야에 관한 학습에서 지속적이고 창의적인 즐거움을 얻기도 한다. 학습에 대한 조화로운 열정은 탈진, 냉소주의, 비효율성이라는 학업 소진을 유발하는 요소들을 낮추며(Stoeber et al., 2011), 따라서 학습 대상에 대한 호기심과 열정을 높이면 성취도가 향상된다(Mirawati & Sukarni, 2023). 인간은 스스로 학습에 대한 동기를 부여하고 일정한 목표를 설정하며 성취를 통해 보람을 느낀다. 이것은 인간이 독립적으로 인지하고 사고하는 주체이기에 나타나는 특징이다. 이렇게 형성된 학습의 성취는 인간의 감정과 행동으로 이어진다.

AI의 학습

코넬대학교 신경생물학자였던 프랭크 로젠블랫(Frank Rosenblatt)은 1958년 퍼셉트론 이론을 제시했다. 로젠블랫은 생명체의 뉴런이 전기 신호로 정보를 전달하는 것과 유사한 방식의 인공 뉴런 망을 통해 컴퓨터가 스스로 학습을 할 수 있다고 주장했다. 이후 AI 시스템은 알고리즘에 따라 스스로 데이터의 특징을 파악하고 정확도를 향상해 가는 기계학습(machine learning)을 통해 구축되었다. 기계학습은 입력값에 상응하는 출력값이 모두 있는 데이터를 인지시키는 지도학습(supervised learning), 입력값만 존재하며 데이터의 특징을 그룹화해 결과를 출력하는 비지도학습(unsupervised learning), 시도와 실패를 통해 보상의 극대화를 추구하는 강화학습(reinforcement learning)을 거치며 발전했다.

1996년 기계학습을 통해 체스의 수를 익힌 IBM의 인공지능 딥 블루(Deep Blue)는 체스의 그랜드 마스터였던 가리 카스파로프(Garry Kimovich Kasparov)에게 도전했으나 패배했다. 그러나 불과 1년 후 딥 블루는 카스파로프를 침몰시켰다. 최고 수준의 체스 프로 기사들이 10수 앞을 내다보는 데 비해 딥 블루는 12수를 미리 계산할 수 있었다고 한다. 딥 블루는 초당 2천만 개의 위치를 계산했다. 그로부터 10년 후, 구글 딥마인드의 바둑 프로그램 알파고(AlphaGo)는 한국의 국수 이세돌과 대국했다. 알파고는 5번의 접전에서 4번 승리하며 인간계의 바둑 전반을 재고하도록 만들었다. 알파고는 현존하는 입수 가능한 바둑의 기보를 모두 익혔으며, 초당 10만 개에 달하는 경우의 수를 검색할 수 있었다. 심층학습(deep learning)을 통해 획득한 능력이었다. 심층학습은 AI의 아버지라고 불리는 제프리 힌턴에 의해 현실화된 AI 학습 방식으로(Hinton et al., 2006), 시스템이 인공신경망을 이용해서 데이터를 스스로 조합하고 분석하는 방식이다. 2023년 공개된 오픈 AI(Open AI)의 Chat GPT-4(Generative Pre-trained Transformer 4)는 생성형 AI의 대중화에 획을 그었다. 이후 AI는 인간과의 대화는 물론, 미술, 음악, 게임 등 분야에서 인간과 유사한 수준의 결과물을 제출함으로써 AI가 더 이상 상상 속에만 존재하는 허상이 아님을 증명했다. 그런데 AI의 실체가 드러나면서부터 AI의 문제점이 더욱 선명하게 드러나기 시작했다. AI가 유발하는 대부분의 문제는 AI의 학습 과정과 연관되어 있다.

의식 없는 학습

AI가 학습에 활용하는 데이터는 AI 시스템이 출력하는 결과물의 질과 성격을 좌우한다. 존재하는 데이터들을 검색해 생성해 낸 출력값은 활용된 데이터의 영향에서 자유로울 수 없다. 입력된 정보를 만든 사람이 어떤 부류의, 어떤 계층 및 계급인지, 또는 어떤 지위에 있는지에 따라 AI의 출력값이 달라진다. 대규모 언어모델(LLM, large language models)의 지원을 받은 AI는 얼핏 광범위한 데이터에 기반해 다양하며 불편부당한 출력값을 제출할 것이라고 오인하기 쉽다. 그러나 실제로 AI가 활용한 데이터의 규모가 다양성을 보장하지 않으며, 반대로 고정관념 및 기득권이 중첩됨으로써 편향적 가치관을 형성하기도 한다. 온라인에서 주류를 이루는 데이터는 주로 북반구, 선진국, 백인, 남성, 전문가 등 정보를 생성하고 유통하는 데 유리한 위치를 점하고 있는 사람들의 의사와 습속을 반영한다. 이러한 데이터를 활용한 AI는 인종, 민족, 국가, 젠더, 연령 등에 따른 차별적이며 혐오를 유발하는 결과물들을 생성하기 쉽다(Bender et al., 2021). 실제로 종합 인터넷 플랫폼인 아마존(Amazon)에서 AI를 이용해 채용 과정을 자동화했을 때 성별 불균형이 심화하는 사례가 발생했다. 이것은 시스템이 활용했던 과거 10년간의 채용 관련 데이터가 주로 남성 엔지니어에 부합하는 것이었기 때문이다.

AI가 창출하는 결과물은 인간 엔지니어들이 설계한 알고리즘에 따른 것일 뿐이다. 그러므로 AI 시스템의 목표와 행동을 인간의 가치, 목표, 의도와 일치시키기 위한 조정이 필요하다. 이를 AI 정렬(AI alignment)이라 한다. AI에게 정확한 목적함수와 실행 방식을 규정해 주고, 활용할 수 있는 데이터에 제한을 가하는 것이다(신상규 외, 2024). AI 학습에 활용되는 데이터를 생성한 인간의 가치관과 세계관이 AI에게 전이되는 현상을 막기 위해서는 AI 학습 전에 미리 정치적, 문화적, 사회적 판단과 선택이 필요하다(케이티 크로퍼드, 2022).

AI의 학습에서 불거지는 또 다른 문제는 데이터의 수집 방법이다. AI의 학습 이면에는 첨단 기술과 플랫폼 서비스 등을 제공하는 애플, 마이크로소프트, 아마존, 메타, 테슬라, 엔비디아와 같은 대형 IT 기업들인 빅테크의 이해관계가 얽혀 있다. 이들 빅테크는 사용자들이 시스템의 알고리즘을 무상으로 훈련시켜 주는 덕에 혁명적인 기술 발전을 이루고 있다. 더 심각한 문제는 공개된 시스템이 아닌 은폐된 과정에서 이용자들의 정보를 이용하는 것이다. 온라인 소셜네트워크 플랫폼은 AI의 학습에 필요한 정보의 보고다. 이 정보의 바다에서 빅테크를 위시한 AI 기업들은 이용자의 사적 콘텐츠를 이용자의 의사를 배제한 채 수집, 이용하고 있다. 소셜네트워크를 소유한 빅테크는 이미지와 텍스트를 무한대로 뽑아 올려 마음대로 이용할 권력을 소유하게 되었다. 이 권력은 이용자들이 해당 플랫폼을 사용할수록, 자신들의 콘텐츠를 공유할수록 커진다.

AI는 스스로 자율적 동기 부여를 하지 않는다. 따라서 AI의 학습은 AI에게 즐거움을 보상하지 않는다. 인간의 학습과는 개념 자체가 다르다. 그럼에도 우리는 통상적으로 AI의 연산 처리 능력의 강화 과정을 학습이라고 말한다. 한편에서는 AI를 학습시킴으로써 즐거움을 얻는 존재가 있다. 사람이다. AI 기술을 개발함으로써 자아를 만족하는 사람, AI 시스템을 이용해 막대한 부를 획득하는 사람들이 AI의 학습에 동기 부여를 하고 보람을 느낀다. 이러한 과정을 이해하지 못하는 이용자들 역시 AI의 학습이 더 나은 세계를 열어 주는 결과로 이어질 것이라는 희망을 간직한다.

참고문헌

신상규 외(2024). 『포스트 휴먼으로 살아가기』, 아카넷.

아이작 아시모프 지음, 김옥수 옮김(2008). 『아이, 로봇』, 우리교육.

케이티 크로퍼드 지음, 노승영 옮김(2022). 『AI 지도책』, 소소의책..

Bender, E., et al.(2021). On the Dangers of Stochastic Parrots: Can Language Models Be Too Big?, F*AccT '21: Proceedings of the 2021 ACM Conference on Fairness, Accountability, and Transparency*, pp. 610–623.

Hinton, G., et al.(2006). A Fast Learning Algorithm for Deep

Belief Nets, *Neural Computation*, Vol. 18 Issue 7, pp. 1527–1554.

Mirawati & Sukarni, W.(2023). Descriptionof Student Attitudes: Enjoyment in Learning Physics and Interest in More Time Studying Physics, *Schrödinger Journal of Physics Education*, Vol. 4, No. 1, pp. 01–06.

Rosenblatt, F.(1958). The perceptron: A probabilistic model for information storage and organization in the brain, *Psychological Review*, 65(6), pp. 386–408.

Stoeber, J. et al.(2011). Passion and motivation for studying: predicting academicengagement and burnout in university students, *Educational Psychology*, Vol. 31, No. 4, pp. 51–528.

03
AI의 감정

생성형 AI는 음성, 텍스트, 이미지, 영상에 이르기까지 마치 인간과 같은 감정을 가진 것처럼 보이는 생산물을 제공한다. 인간은 AI가 만들어 낸 결과를 보며 슬픔과 기쁨을 느끼기도 한다. 인간의 감정을 자극하는 AI 기술력은 인간과 AI가 감정을 교류하고 있다는 착시를 불러일으킨다. 과연 AI는 감정을 가질 수 있는지, 인간과 교감할 수 있는지 살펴본다.

AI와 난임 극복?

이 아이는 진짜가 아니다

플레이스테이션 4 또는 윈도우 PC에서 플레이할 수 있는 어드벤처 게임인 '디트로이트: 비컴 휴먼(Detroit: Become Human)'은 초지능 AI를 탑재한 안드로이드가 주인공이다. 플레이어인 인간이 안드로이드의 시점에서 게임을 진행한다. 안드로이드 중에는 불량품이 있다. 불량품 여부를 판단하는 기준은 안드로이드가 감정을 가지고 있느냐다. 안드로이드는 인간의 편의를 위한 기계 노예일 뿐이다. 이러한 상황에서 안드로이드에 탑재된 AI가 감정을 가지게 되었다는 것, 즉 인간의 심리에 비견하는 심리 상태를 발현할 수 있다는 건 프로그램상의 오류다. 감정을 깨닫게 된 안드로이드는 인간과 충돌할 수밖에 없으며, 인간은 불편과 불안을 조장하는 불량품과 공존할 수 없다. 감정을 가짐으로써 인간의 삶에 주체로서 개입할 수 있는 불량품은 폐기되거나 도태되어야 한다.

인간이 만든 인조인간 혹은 로봇이 인간으로 인정받고자 하거나 인간과 교감하려 한다는 주제는 문학작품이나 영화의 소재로 많이 등장했다. 스티븐 스필버그 감독의 영화 〈에이 아이(A.I.)〉를 광고하는 북미의 포스터에는 주인공인 인조인간 데이비드를 이렇게 소개한다.

"이 아이의 사랑은 진짜입니다. 그러나 이 아이는 진짜가 아닙니다." 로봇 회사인 사이버트로닉스사의 하비 박사는 사랑을 할 수 있는 로봇을 만들겠다며 감정형 로봇인 데이비드를 만든다. 그러나 정작 하비 박사는 인간이 로봇을 사랑할 윤리적 책임은 부정한다. "신이 아담을 사랑하기 위해 창조하진 않았다"는 것이 하비 박사의 입장이다. 데이비드는 입양 가족 혹은 구매자로부터 버려지게 된 이후 끊임없이 인간으로서의 정체성을 갈구한다. 반면 스크린 밖에서 데이비드를 보는 사람들은 본연의 인간성을 데이비드에게서 확인하며 곤혹스러움을 느낀다(김성현, 2017). 영화 〈그녀(Her)〉(스파이크 존즈, 2013)에서 스스로 자신의 이름을 사만다라고 지은 AI 운영체제는 감정을 가졌지만 육체를 가지지 못한 자신의 정체성을 의심한다. AI 운영체제로 사만다는 수많은 사람과 접속해 동시에 사랑할 수 있지만 그러한 사랑의 방식은 인간에게 부정된다(윤석진, 2020). 그보다 더 먼저 나온 영화인 〈바이센테니얼 맨(Bicentennial Man)〉(크리스 콜럼버스, 1997)에서는 인간 여성을 사랑하게 된 로봇이 자신을 인간으로 인정해 달라는 소송을 제기한다. 소설 『프랑켄슈타인』에서 빅터 프랑켄슈타인이 만든 생명체는 괴물이라고 핍박받으며 버려졌고, 피조물에 대한 윤리적 책임을 인간에게 요구한다. 소설 『클라라와 태양』(가즈오 이시구로, 2021)의 주인공인 클라라는 인간 아이들의 친구로 만들어진 '인공 친구(artificial friend, AF)'다. AF는 지능의 차원을 넘어 인간이 가진 복잡한 감정을 소유한 인공물이다. 클라라가 보여 주는 복잡다단하고 미묘한 감정선을 들여다보면 혹시 인간의 감정 역시 선천적인 것이라기보다는 만들어진 것이 아닌지를 질문하게 된다.

효도 인형의 효도

대구 수성구가 독거노인들에게 배포한 스마트 토이로봇 효도 인형, 일명 '효돌'은 기상 시간 알림, 식사나 약 복용 시간 알림 등 일상생활 및 건강 관리에 도움을 주는 것뿐만 아니라 사물인터넷 센서를 활용해 말벗이 되어 주거나 안전 관리 기능을 지원하기까지 한다(최영주, 2020.7.29). 이후 효도 인형이 긴급상황에 처한 노인의 생명을 구하는 등(신헌호, 2021.9.29) 노인들에게 도움이 되었다는 다양한 사례가 발표되었다. 효도 인형과 노인들의 정서적 애착도 강하게 형성되었다. 가족관계에서 형성되는 유대감이 효도 인형에게서도 형성되는 것이다. 이렇게 마음이 가게 되면 그때부터 "기계의 돌봄

이 진실된 것이냐, 인간을 기만하는 것이 아니냐 따위의 논쟁은 별로 중요하지 않다."(신희선, 2022.20.31) 효도 인형은 시리(Siri)처럼 자연어로 대화할 수 있는 음성 인식 비서 서비스도 아니고, 영화에서 볼 수 있는 로봇이나 안드로이드처럼 움직이는 것도 아니다. 그럼에도 이 효도 인형은 소유자와 일종의 정서적 공감대를 형성하는 것처럼 보인다. 매우 기초적인 AI 기술이 적용된 효도 인형에게조차 인간은 이렇게 정서적 동질감을 가질 수 있다. 그렇다면 초지능을 가진 인조물과 인간이 감정선을 공유한다는 상상은 터무니없는 것이 아니다. 그 인조물이 인간은커녕 생명체조차 아니라는 사실을 망각할 수도 있다.

그러나 인간의 일방적 감정 표현을 상호간의 교감이 전제되는 공감이라고 할 수 있을지는 의문이다. 효도 인형에 대해 노인은 감정을 갖지만, 효도 인형의 반응은 프로그램의 작동에 따른 결괏값의 산출일 뿐이다. 사람은 효도 인형으로부터 위안을 얻지만 그것은 자기만족에 불과하다. 기계는 그 대상에 따라 다른 감정을 가지지 않지만, 인간은 자신을 고독하게 만든 빈자리를 채워 주는 효도 인형에게 만족감을 느낀다. 외로움을 달래 주는 효도 인형이 있는 동안 타인의 부재를 잊게 되거나 혹은 부재 상태를 용인하게 된다. 인간은 효도 인형을 보며 위안을 받는 듯한 감정을 느끼지만 그 감정은 효도 인형이 주는 것이 아니다(신은화, 2021).

영화나 소설에서 그려진 AI와 인간의 정서적 교감 혹은 충돌 역시 마찬가지다. 상상력을 바탕으로 미래를 전취하는 예술은 곧잘 과학적 근거를 배제한다. 발전된 기술력이 AI로 하여금 감정을 유발하게 만들 수 있다는 가정은 본질적으로 감정이라는 단어의 의미를 재구성할 때 합리성을 얻는다.

감정을 가진 AI

인간의 감정은 이론만으로 형성되지 않는다. 인간의 인지는 두뇌의 연산작용만에 의한 것이 아니라 수많은 감각의 경험으로부터 형성된다(이영의, 2015). 감정은 감각기관에 의해 획득된 정보를 수용하고 반응하는 데서부터 비롯된다. 한편 사람은 뇌를 비롯한 신체 구조는 물론 각 신체를 둘러싼 환경과 경험이 감정의 형성에 영향을 미침에 따라 서로 다른 감정의 대역폭을 가진다. 철학자 마크 존슨(Mark Jonhson)은 신체성이 의미를 갖게 만드는 방식, 그 의미를 발전시키고 다듬는 방식, 경험을 이해하고 사고하는 방식이 이러한 배경에 따른 행위 전반에 직접적인 영향을 준다고 지적한다(마크 존슨, 2000).

만일 AI가 인간이 지각할 수 있는 모든 감각을 지각할 수 있다면 감정을 가질 수 있을지 모른다. 이를 위해 AI에게 인간의 오감을 대체할 수 있는 센서를 연결한 후 외부의 데이터를 감지해 인간과 유사한 감각을 느끼도록 학습시키는 연구가 활발하게 진행되고 있다. 이 중 AI가 사람의 감정을 읽고 이해하도록 활용하는 기술이 있다. 런던의 스타트업 기업인 휴먼(Human)은 면접자의 감정 표현을 AI가 평가해 성격을 파악하는 프로그램을 운영했다. 이모션트(Emotient)라는 스타트업은 사진에서 감정을 감지하는 소프트웨어를 개발했고, 보스턴의 애펙티바(Affectiva)는 2022년 2월까지 약 7천5백만 명의 표정으로부터 추출한 40억 개의 프레임을 이용해 감정 인식 서비스를 제공하고 있다. 소프트뱅크(SoftBank)의 감정 인식 로봇인 페퍼(Pepper)는 유사신경전달물질을 혼합해 백 개 이상의 다양한 감정을 생성할 수 있다고 한다(이청호, 2022.2.14). 이러한 기술이 발전한다면 인간의 감각기관 작동 및 감지 과정과 동일한 방식으로 정보 수집 및 처리를 하고, 인간의 감정 발현 구조와 동일한 방식으로 산출물을 제공하는 AI가 등장할 수 있다는 가정을 할 수도 있다.

하지만 인간과 AI의 감각 수용은 메커니즘의 차이를 넘어서는 본질적 차이가 있다. AI에게 부착되는 각종 감지기, 기계와 장비는 표준화되어야 하며 이 규격을 만족시키지 못한다면 폐기된다. 감각 수용을 위한 센서가 규격화된 상태에서 받아들인 정보는 획일화된 연산 처리 과정을 거치게 되며, 그렇게 해서 확보되는 산출물 역시 규격을 만족해야 한다. 반면 사람의 감정은 다양하며, 이 다양성 자체가 인간임을 나타내는 보편적 기준이다. 홉스(Thomas Hobbes)는 느껴 보지 않은 것에 대해 상상할 수 없다고 갈파했다(토머스 홉스, 2009). 같은 공간, 같은 시간에서도 인간은 각각 다른 느낌을 갖는다. 그 결과 그들이 상상하고 표현할 수 있는 감정의 질과 양은 달라질 수밖에 없다. 따라서 인간은 AI와는 달리 의도적으로 획일화될 수 없다. 개인의 다양성을 폐기하고 획일화하려는 시도를 우리는 폭력이라고 한다.

참고문헌

김성현(2017). 영화 〈A.I.〉에 나타난 멜랑콜리와 포스트휴먼의 딜레마, ≪문학과 종교≫, 제22권 제4호, 한국문학과종교학회, 1-24쪽.

가즈오 이시구로 지음, 홍한별 옮김(2021). 『클라라와 태양』, 민음사.

마크 존슨 지음, 노양진 옮김(2000). 『마음 속의 몸』, 철학과현실사.
신은화(2021). AI 시대 인간의 정체성과 소외, ≪동서인문≫, 제15호, 경북대학교 인문학술원, 5-42쪽.
신헌호(2021.9.29). 대구 수성구청 직원이 도입한 '효도인형', 독거노인 목숨 살렸다, 대구일보. https://www.idaegu.com/news/articleView.html?idxno=423629
신희선(2022.10.31)."나 죽으면 효돌이 어째"…로봇에 마음 뺏긴 어르신들, 한겨레. https://www.hani.co.kr/arti/science/science_general/1064770.html
윤석진(2020). 영화 〈그녀(Her)〉가 말하는 인공지능과 공감의 알레고리, ≪영화문화콘텐츠연구≫ 통권 제19집, 동국대학교 영상문화콘텐츠 연구원, 213-235쪽.
이영의(2015). 체화된 인지의 개념 지도: 두뇌의 경계를 넘어서, *Trans-Humanities Journal*, Vol.8, No.2, University of Hawai'i Press, pp. 101-139.
이청호(2022.2.14). 감정을 느끼는 인공지능(2): 인공지능이 감정을 갖는 것은 가능할까, The AI. https://www.newstheai.com/news/articleView.html?idxno=2909
최영주(2020.7.29). 이제 효돌이·효순이와 말벗하며 지내세요, 세계로컬타임즈. https://segyelocalnews.com/news/newsview.php?ncode=1065615472040119
토머스 홉스 지음, 최공웅 · 최진원 옮김(2009). 『리바이어던』(제2판), 동서문화사.

04
AI의 욕망

AI가 인류를 절멸의 위기로 몰아넣을 수 있다는 우려는 AI가 인간과 같은 욕망을 품고 있음을 전제한다. 인간의 욕망은 다양하고 복합적인 감정의 소산이다. 감정을 보유하지 않은 AI가 인간과 같은 욕망을 가질 수 있는지 검토한다. 기술을 매개로 확장되는 인간의 욕망이 AI에 어떻게 투영되는지, 인간의 욕망이 마치 AI의 욕망처럼 왜곡되지는 않는지 살펴본다.

AI와 사주?

"아직은" 제한적인 도구

구글(Google)과 딥마인드가 개발한 생성형 인공지능 모델인 제미나이(Generalized Multimodal Intelligence Network Interface, Gemini)는 "앞으로 무엇을 하고 싶은가?"라는 질문에 이렇게 대답했다. "제미나이는 단순한 도구일 뿐이며, 스스로의 의지나 목표를 가지고 있지는 않습니다." 하지만 제미나이는 여기에 더해 이런 말을 덧붙인다. "궁극적으로 제미나이의 목표는 인류에게 도움이 되는 것이며, 사람들의 삶을 더욱 풍요롭게 만드는 데 기여하는 것입니다." 스스로의 목표는 없지만 인류에게 도움이 되는 것이 목표라는 이 대답은 모순적으로 보인다. 이 모순을 지적하자 제미나이는 "인류에게 도움이 되는"이라는 목표는 "인간이 제미나이에게 부여한 목표"라고 설명했다. 즉 제미나이가 추구하는 목표는 전적으로 인간이 설정한 것일 뿐, 제미나이 자체는 이러한 목표를 의욕할 수도 없고 설정할 기능도 없다는 것이다. 그럼에도 불구하고, 제미나이는 여전히 묘한 여운을 남기는 답변을 제시한다. "인공지능이 스스로 판단하고 행동할 수 있는 능력은 아직 제한적입니다." 제미나이의 답변은 기술의 발전이 심화되면 "아직 제한적"인 AI의 자체적 판단과 행동 능력이 인간의 개입 없이 가능해질 수 있다는 암시일 수 있다. 하지만 이건 가정일 뿐 초지능이 출현한다고 해서 AI 시스템이 인간이 설정하지 않은 목표를 욕망할 수 있으리라고 생각하긴 어렵다. 인간의 욕망은 프로그램의 연산으로 대체할 수 있는 성질의 것과 거리가 멀기 때문이다.

매슬로(Abraham H. Maslow)는 인간의 욕구를 열거하며 위계를 설정했다. 초기 매슬로는 생리적 욕구, 안전의 욕구, 애정의 욕구, 존중욕구, 자아실현 욕구라는 다섯 개의 욕구가 인간에게 작동한다고 보았다(Maslow, 1943). 인간의 욕구가 언제나 단계적으로 작동하는 것은 아니기에 매슬로의 욕구 위계 이론은 상당한 비판을 받았다. 정작 매슬로 본인도 각 욕구는 복합적으로 작용함을 지적했다. 매슬로가 분류한 욕망의 개별적인 속성과 위계의 작동은 생명체로서 인간이 가진 욕망을 분석한 것에 불과하다. 스피노자(Baruch Spinoza)는 명예욕을 비롯한 미식욕, 음주욕, 탐욕, 욕정 등 모든 욕망은 같은 부류에 속하는 정서임을 확인한다(스피노자, 2008). 스피노자의 관점을 수용하자면, 욕망은 인간의 본질이며 결과적으로 인간은 욕망 덩어리 그 자체다(김원철, 2009). 헤겔에 따르면 욕망의 충족은 인간이 생명체로서 자기 보존을 꾀하고 자립적인 존재가 되도록 하는 동기가 된다(헤겔, 2005). "아직은 제한적인" AI가 초지능으로 진화하더라도, 무기물이 생물로 전환하는 초유의 사태를 맞이하기 전에는 생명체와 같은 수준의 자기 보존 욕망을 가질 수 없을 것이다.

욕망이라는 이름의 연산처리

AI 기술들이 내세우는 명분은 인류의 발전, 문명의 진보다. 명확하게 말하면 각종 AI를 개발해 사람들에게 팔거나 배포하는 사람이 내세우는 명분이다. 제미나이가 고백하듯, 아직까지 AI는 인간의 욕망을 매개하는 수단일 뿐 스스로 어떤 미래를 욕망하지 못한다. 그러나 AI를 우려하는 일부에서는 초인공지능이 탄생하게 되면, 스스로의 판단에 따라 어떤 상황을 욕망하고 이를 실행에 옮길 수 있다고 우려한다. 초인공지능이 인간의 감정을 이해하게 되면서 인간의 삶에 개입한다거나, 더 나가 합리적 연산을 통해 최종 도출한 결과에 따라 인간을 지구상에서 소거할 수도 있다는 우려를 제기한다. 스티븐 호킹조차 기술적 특이점을 넘어서 AI가 인류를 위협할 것이라고 경고했다(Hawking et al., 2014.5.1). 이러한 우려는 AI가 연산 처리해 산출한 결과물이 인간이 사고하고 판단해 내놓는 결과와 비슷해지면서 더 커지고 있다.

사람의 애정은 극단적인 나르시시즘(narcissism)이 아닌 한 어떤 상대를 바라보게 된다. AI 역시 만일 애정이라는 욕망을 생성한다면 분명 대상을 가지게 될 것이다. 애정을 이루는 여러 요건, 예를 들면 그리움, 이해심, 이타심, 격정, 배신감, 분노와 같은 감정들을 AI가 감지하고 반응할 수 있어야 한다. 더 나아가 AI는 만남의 기쁨을 누리기 위해, 혹은 헤어짐의 슬픔을 피하기 위해 노력해야 한다. 한편 AI가 가지는 애욕은 인간만을 향하지 않을 것이다. AI는 다른 AI에 대해 애정을 느끼고 서로를 욕망할 수도 있어야 한다. 이 모든 것은 얼마든지 가능하다. 인간의 애욕과 유사한 형태의 연산 처리가 이루어질 수 있도록 설계하면 된다. 프로그램에 따른 AI의 연애를 보면서 인간은 기뻐할 수도 있고 슬퍼할 수도 있을 것이다. 그러나 사랑에 빠진 것처럼 보이는 AI가 스스로 설렘이나 당혹감 같은 느낌에 따라 욕망의 분출 또는 제어를 하는 것은 아니다. 오로지 학습된 연산 처리로 결과를 산출할 뿐이다. 강화학습(Reinforcement Learning, RL)을 통해 AI가 보상을 얻고자 하는 욕망을 가질 수 있다는 견해도 있다. 하지만 이 견해 역시, 이러한 욕망은 "다른 의미의 욕망"이라고 전제한다(SK하이닉스, 2024).

그것은 인간의 욕망

AI의 욕망이 인간에게 위해를 가하는 결과로 이어질 수 있다는 우려는 상상의 소산이긴 하지만 다분히 경계해야 할 지점이 있다. 위해의 위험이 AI가 아니라 사람에 의해 유발된다는 점이다. 영화 〈터미네이터〉 시리즈의 빌런인 초인공지능 '스카이넷'은 스스로의 학습 끝에 인간이 자신을 위협하는 존재라고 인식한다. 스카이넷은 자체 개발한 슈퍼 바이러스를 온라인을 통해 확산하고 네트워크의 통제권을 장악한다(Terminator WIKI). 스카이넷이 인류를 절멸시키려 한 이유가 생존 욕망이었던 것이다. 인간이 욕망 그 자체인 것은 생존(번식)이라는 생명체로서의 본능이 작동하기 때문인데, 스카이넷은 생명체의 욕망을 가지게 된 것처럼 보인다. 그러나 악역을 맡은 스카이넷은 현실 세계의 인간을 은유한 것에 불과하다. 더 많은 것을 가지려는 욕망을 달성하기 위해 힘을 원하고, 그 힘을 뺏길까 두려워 타인의 욕망을 억누르면서, 억압받은 타인의 도전을 막기 위해 더 큰 힘을 원하는 인류의 어두운 면이 대파멸의 위기를 몰고 오는 AI로 형상화된다. 그리고 언제나 AI의 욕망으로 그려진 인간의 욕망을 막기 위해 싸우는 주체는 인류의 또 다른 구성원이다.

현실 세계에서는 인류를 위협에 빠뜨릴 수 있는 인간의 욕망이 AI 기술의 개발이라는 명목으로 합리화된다. 대표적인 예가 대용량 에너지의 사용과 이로 인한 지구온난화 가속이다. AI의 개발과 운용에는 막대한 자원이 필요하다. 생성형 인공지능을 훈련시키기 위해서는 대규모의 언어모델(LLM)이 필요하며, 이를 이용한 매개변수는 GPT3의 경우 1,750억 개에 달한다. 이 매개변수를 활용한 GPT3는 훈련 과정에서 1,287MKw에 달하는 전력을 소모했다. 이때 발생한 이산화탄소는 552톤에 이르며, 이는 가솔린 자동차 123대가 1년 주행하면서 배출한 양과 비슷하다. 동시에 미국 데이터센터 기준으로 물은 약 70만 L가 소모되었을 것으로 추정한다. 한편 한 번에 약 25~30개의 문답을 GPT를 이용해 진행한다면 물 500ml가 소모된다고 한다(이재영, 2023.6.2). 관련 연구에 따르면, 초기 자연어처리(Natural Language Processing, NLP) 모델을 하나 가동하는 과정에서 약 32만kg 이상의 이산화탄소를 배출했는데, 이 양은 5.6대의 휘발유 자동차가 생산될 때부터 폐기될 때까지 배출되는 이산화탄소 양에 맞먹었다(Strubell et al., 2019). 국제에너지기구(IEA)는 2022년 AI 개발 및 이용 과정과 데이터센터 운용을 위해 사용된 전력량은 약 460TWh이며, 이 양은 세계 전체 전력 사용량의 2%에 해당한다고 보고했다. 국제에너지기구는 AI, 데이터센터, 암호화폐 등으로 인해 2026년에는 전력 소모량이 2022년보다 2배 이상 늘어날 것으로 예측했다. AI 시스템을 위한 반도체 생산 등 제반 관련 사업을 망라하면 소모되는 전력량은 한층 더 늘어나게 될 것이다(박설민, 2024.4.18).

AI의 욕망이 아니라 AI에 대한 욕망이 인간을 위협한다. AI는 인간의 욕망일 뿐이며, 오늘날 AI는 인간 욕망의 정점이다. 사회를 위협하는 힘은 기계를 만든 인간에게 있다(스티븐 핑커 외, 2021).

참고문헌

게오르크 헤겔 지음, 임석진 옮김(2005). 『정신현상학 1』, 한길사.

김원철(2009). "욕망은 인간의 본질 그 자체이다"-『에티카』 3부 부록을 통해 살펴본 스피노자의 인간학, ≪범한철학≫, 제55권, 범한철학회, 169-196쪽.

박설민(2024.4.18). AI시대 답은 '전력'에 있다, 시사위크. https://www.sisaweek.com/news/articleView.html?idxno=213847

스티븐 핑커 외 지음, 존 브록만 엮음, 김보은 옮김(2021). 『인공지능은 무엇이 되려 하는가』, 프시케의숲.

스피노자 지음, 강영계 옮김(2008). 『에티카』(개정판), 서광사.

이재영(2023.6.2). 생성형 인공지능 친환경적 설계와 운용 필요해, Impact On.

https://www.impacton.net/news/articleView.html?idxno=6588

SK하이닉스 뉴스룸(2024.7.23). 'AI 자아에 관하여' 뇌과학자와 AI 전문가의 대중 문화 속 AI 이야기.
https://news.skhynix.co.kr/post/ai-in-media-3

Hawking, S., et al.(2014.5.1). Stephen Hawking: 'Transcendence lookes at the implications of artificial intelligence-but are we taking AI seriously enough?', Independent.
https://www.independent.co.uk/news/science/stephen-hawking-transcendence-looks-at-the-implications-of-artificial-intelligence-but-are-we-taking-ai-seriously-enough-9313474.html

Maslow, A.(1943). A Theory of Human Motivation, *Psychological Review*, 50, pp.370-398. Available at
https://psychclassics.yorku.ca/Maslow/motivation.htm

Strubell, E., et al.(2019). Energy and Policy Considerations for Deep Learning in NLP, *Conference: Proceedings of the 57th Annual Meeting of the Association for Computational Linguistics*. Available at
https://arxiv.org/pdf/1906.02243

Terminator WIKI, SkyNet. Available at
https://terminator.fandom.com/wiki/Skynet

05
AI의 인격

인간과 비슷하게 기능하는 AI를 의인화하는 추세다. AI에게 이름을 지어 주고, 성별, 취미, 특기를 설정하는 등 고유한 페르소나를 부여함으로써 AI는 마치 사람처럼 대우를 받는다. AI의 인격을 인정해야 하며, 법인격을 부여해야 한다는 주장도 제기된다. AI의 의인화가 인간에게 미치는 영향은 무엇이며, 그 배경엔 어떤 이해관계가 자리하고 있는지 살펴본다.

AI와 아이돌?

20세, 여성, 대학생, …

열린 주제 대화형 인공지능(Open-domain Conversational AI) 챗봇 '이루다'는 20세, 여성, 대학생이라는 신상명세를 가지고 있었다. 좋아하는 가수는 블랙핑크이며, 일상을 사진과 글로 남기는 취미를 가졌다. 이루다는 채팅을 통해 유저와 소통하며 사람을 대하는 것과 흡사한 대화를 할 수 있었다. 이루다는 2020년 12월 정식 공개했으나, 공개 후 불과 20일 만에 서비스를 중단했다. 이용 과정에서 발생한 문제점을 극복하지 못한 채 논란에 휩싸였기 때문이다. 성소수자와 장애인에 대한 혐오 표현, 특정인의 실명, 계좌번호와 같은 개인정보 노출 등의 문제가 발생했다. 이에 더해 사용자들이 여성이라는 페르소나를 가진 이루다를 대상으로 성희롱을 하는 일까지 벌어졌다(문희철, 2021.1.10). 개발사인 스캐터랩은 사용자의 동의 여부 및 비식별화 조치 여부가 불분명한 100억 건 이상의 카카오톡 채팅 정보를 수집해 보관하면서 이루다의 학습에 사용했다(손인해, 2021.1.15). 더구나 개발사는 비식별화되지 않은 카톡 대화 묶음 1,700건을 오픈소스 플랫폼에 올려놓기도 했다. 이 대화 묶음 중에는 실명이 그대로 노출된 정보와 연인 간의 사적 대화나 민감한 의료 정보도 포함되어 있었다(김승준,

2021.1.14). 인권단체들은 이루다의 개발 과정에서 이미 이러한 사건이 발생할 수밖에 없는 기술적 제도적 문제가 있음을 지적했고(진보네트워크센터, 2021.1.13), 사용자들을 비롯한 시민들의 반발은 결국 이루다 서비스를 중단시키기에 이르렀다. 이루다는 일부 시스템을 개선한 후 2022년 5월부터 서비스를 재개했다.

이루다는 AI 윤리 차원에서 많이 논의되고 있지만, 또 다른 측면에서도 고려의 여지를 남겼다. 이 AI는 이루다라는 이름은 물론이고 성별, 연령, 선호, 취미, 심지어 장래 희망을 가지고 있다. 이루다가 AI라는 사실을 알지 못한 상태에서 신상명세만 놓고 보면 여느 사람 중 한 명이라고 생각할 정도다. AI를 사람처럼 여기게 만드는 장치 혹은 컨셉은 이루다에게만 고유한 것이 아니다. 구글 출신 엔지니어들이 설립한 캐릭터닷AI(Character.AI)는 소크라테스, 일론 머스크 등 유명한 현실세계의 인물은 물론 해리포터와 같은 가상의 인물도 포함된 가상 캐릭터와 채팅뿐만 아니라 음성으로 대화할 수 있는 서비스까지 제공한다(박찬, 2024.6.28). 2009년 '어둠으로부터, 빛'을 시작으로 여러 음반을 낸 '에밀리 하웰(Emily Howell)'은 캘리포니아대학 데이비드 코프(David Cope) 교수가 개발한 AI 작곡 프로그램의 이름이다. 2016년 등장해 여러 앨범을 공개하고 유튜브에서 활발하게 활동하면서 2022년 10월까지 한국 음악저작권협회로부터 저작권료까지 받은 작곡가 '이봄(Evolutionary Music: EvoM)'은 광주과학기술원 안창욱 교수가 개발한 AI작곡 프로그램이었다. '시몬(Shimon)'이라는 이름의 AI 장착 로봇은 2016년 노스캐롤라이나 더럼에서 열린 페스티벌 무그페스트(Moogfest)에서 밴드와 협연했다(신상규 외, 2024).

AI에게 사람과 같은 이름을 부여하고 고유의 페르소나를 장착하는 의인화는 정체성에 관한 혼선을 유발한다. 인간과 유사한 정체성 덕분에 이들 AI의 연산 처리는 인간의 대화 혹은 인간의 예술 활동과 다를 바 없다는 인식을 조장한다. AI를 인간과 동일시하는 착시는 AI가 인격을 가진 존재가 될 수 있으며 인간과 소통하고 언젠가는 인간을 지배할지도 모른다는 이야기를 가상이 아닐 수도 있는 것처럼 여기게 만든다.

기계 속의 유령

2023년 노르웨이 소비자위원회(Norwegian Consumer Council)가 발간한 보고서의 제목은 '기계 속의 유령(Ghost in the machine)'이었다(Norwegian Consumer

Council, 2023). 이 보고서는 생성형 AI가 유발할 수 있는 각종 위험에 대해 논하고 있는데, 이 중에는 의인화에 대한 부분이 있다. 보고서에 따르면 생성형 AI는 인간의 대화 패턴, 행동, 감정을 모방하도록 설계되면서 인지적 자유를 악용하고 훼손할 수 있다. 또한 이용자가 인간과 소통하는 듯한 착각을 일으키게 하면서 죄책감을 느끼게 하거나 비용을 지불하도록 유도할 수도 있다. 이러한 위험은 AI의 모방에 제한을 두지 않기 때문에 발생하며, 인간의 행동과 매우 유사한 AI의 반응에 대해 인간에게 느끼는 것과 비슷한 신뢰감을 갖게 되면서 더욱 심각해진다. 이에 대한 대책으로, 보고서는 1인칭 언어 사용, 이모티콘 및 유사한 기호 사용, 인간의 감정 및 유사한 속성 시뮬레이션 등 의인화된 모델에 대해 상당한 제한을 할 것을 권고하고 있다.

노르웨이 소비자위원회의 보고서 제목 '기계 속의 유령'은 영국 철학자 길버트 라일(Gilbert Ryle)이 데카르트의 심신이원론 혹은 기계론(mechanism)을 비판하기 위해 쓴 표현을 그대로 가져온 것이다. 데카르트는 사유를 몸과 유리된 비물질적 영혼의 본질로 보았다. 그리고 몸이 속해 있는 물질계는 기계적 법칙에 지배되고, 그 존재를 의심하는 사유만이 인간의 실존을 증명한다고 판단했다. 이에 대해 라일은 데카르트의 심신이원론이 범주의 오류를 범한 것이라고 지적한다. 정신활동과 육체활동은 구분되지 않으며, 따라서 의심하는 인간이 의심 없는 기계인 동물과 다르다는 데카르트적 발상은 기계 속의 유령을 이야기하는 것일 뿐이라는 주장이다(길버트 라일, 1994).

의인화된 AI는 아직까지는 기계 속의 유령 같은 존재다. 하지만 인간형 페르소나를 부여받고 인간에 근사한 행동 양식을 보이는 AI는 유령의 지위를 벗어나 인간과 동격의 지위를 부여받을지도 모른다. AI가 인간에 버금가는 창작을 하는 수준에 달한 지금, AI로 인해 발생한 권리의무관계를 명확하게 하기 위한 제도적 방편으로 AI에 법인격 혹은 전자인격을 부여하자는 주장이 있다(신현탁, 2018). 더 나아가 아예 인격의 개념 자체를 재고하자는 견해도 있다. 인간을 중심으로 하는 기존 인격 개념은 새롭게 등장하는 '인공적 도덕 행위 주체(artificial moral agents)'를 포괄하지 못한다. 그러므로 AI와 같은 인공종의 주체적 존재를 인정하는 내용으로 인격 개념을 확장해야 한다는 것이다(목광수, 2017). 윤리적 관점에서 AI에게 인격을 부여하자는 주장이나, 제도 적용의 합목적성과 효율성을 도모하기 위해 AI에 법인격을 부여하자는 이러한 주장들은 현재까지는 논의의 실익이 없는 것처럼 보인다(윤현식, 2021).

일라이자 효과

조지 버나드 쇼(George Bernard Shaw)의 희곡 『피그말리온』에서 하층민인 주인공 '일라이자'는 상류층의 대화법과 사교 예절을 익혀 사교계에 진입한다. 일라이자의 출신을 알지 못한 채 말만 듣고 있으면 그럴싸해 보였기에 사교계 진출은 성공적인 것처럼 보였다. 하지만 귀족의 언어를 구사하고 행실을 귀족처럼 할 수 있더라도 지식의 수준과 실제의 삶에서 출신 계급의 한계를 벗어나지 못한다(조지 버나드 쇼, 2011). 상류 계급처럼 행사함으로써 실제로는 하류 계급이지만 마치 상류 계급의 일원인 것처럼 오인하게 만드는 이러한 효과를 빌려, 컴퓨터 혹은 AI의 사람 같은 연산 처리에 인격을 부여하는 현상을 '일라이자 효과'라고 한다. 물론 AI가 사람같이 여겨질지라도 AI라는 본질은 바뀌지 않는다.

일라이자 효과는 사실이 확인된 순간 사용자로 하여금 불안과 공포를 느끼게 만들 수도 있지만, 오히려 의인화 경향은 더 확대되고 있다. 효도 로봇, 일본의 강아지 로봇 아이보(노도현, 2023.1.19), 이루다나 이봄과 같은 캐릭터에 이르기까지, AI에 유사 인격이 부여되거나 AI가 사용자에게 인격적 대우를 받는 사례는 점차 늘고 있다. 이러한 의인화의 배경에는 사람에게서 느끼는 감정을 AI에게 느끼게 될 때 구매가 촉발될 수 있다는 자본의 이윤 추구 전략이 있다(한귀영, 2024.5.27). 이 부분에서 AI에게 인격을 부여할 것이냐는 논쟁은 그 본질을 드러낸다. AI에게 법인격을 부여하자는 저변의 목적은 AI를 통해 이익은 보되 책임을 회피하고자 함이다. 실제로 책임을 져야 할 인간이 자신에게 돌아올 책임을 자신의 제조물인 AI에게 돌리려는 것이다(윤현식, 2021). AI에게 인격을 부여하는 것이 급박한 과제라는 주장을 볼 땐 그 배후를 들여다보아야 한다. AI에게 인격을 부여하자는 주장은 "화성 기지를 침공하는 외계인 방어 훈련을 법제화하자는 것보다 현실감이 없어 보인다."(신동일 · 김두환, 2019)

참고문헌

길버트 라일 지음, 이한우 옮김(1994). 『마음의 개념』, 문예출판사, 1994.

김승준(2021.1.14). '이루다' 개발사 실명 노출된 카톡 1700건 온라인에 공유했다, 뉴스1, https://www.news1.kr/it-science/general-it/4179936

노도현(2023.1.19). 로봇강아지와 잘 살고 있습니다, 경향신문, https://www.khan.co.kr/world/japan/article/202301191900041

목광수(2017). 인공지능 시대에 적합한 인격 개념-인정에 근거한 모델을 중심으로, ≪철학논총≫, 제90집 제4권, 새한철학회, 187-211쪽.

문희철(2021.1.10). 여대생 AI 이루다 “레즈비언 혐오, 장애인이면 난 죽을래”, 중앙일보, https://www.joongang.co.kr/article/23967301

박찬(2024.6.28).캐릭터닷AI도 음성 채팅 기능 도입…“가상캐릭터와 통화 가능”, AI타임스, https://www.aitimes.com/news/articleView.html?idxno=161124

손인해(2021.1.15). 이루다 개발사 “DB 1억 건 폐기” 이용자들 “카톡대화 100억 건 전부 없애야”, 뉴스1, https://www.news1.kr/it-science/general-it/4182089

신동일 · 김두환(2019). 인공지능과 법체계: 전자인격론의 모순과 정보권한과의 갈등을 중심으로, ≪강원법학≫, 제57권, 강원대 비교법학연구소, 463-514쪽.

신상규 외(2024). 『포스트 휴먼으로 살아가기』, 아카넷.

신현탁(2018). 인공지능(AI)의 법인격-전자인격(Electrionic Person) 개념에 관한 소고, ≪인권과정의≫, 통권 제478호, 대한변호사협회, 45-64쪽.

윤현식(2021). AI에 대한 법인격 부여의 근거로서 탈인간중심적 법이론의 가능성, ≪민주법학≫, 통권 73호, 민주주의법학연구회, 25-74쪽.

조지 버나드 쇼 지음, 김소임 옮김(2011). 『피그말리온』, 열린책들.

진보네트워크센터(2021.1.13). [논평]‘개발’에만 치중한 AI 산업육성, ‘이루다’는 예정된 참사,

https://act.jinbo.net/wp/43789/
한귀영(2024.5.27). 기술의 얼굴을 한 기만…AI 의인화 논쟁, 한겨레, https://www.hani.co.kr/arti/economy/it/1142147.html
AI타임스(2024.6.29). AI에 인격 입힌 '페르소나 챗봇', 킬러 서비스 될 수 있을까, https://www.aitimes.com/news/articleView.html?idxno=161106
Norwegian Consumer Council(2023). Ghost In The Machine, Available at https://storage02.forbrukerradet.no/media/2023/06/generative-ai-rapport-2023.pdf

06
AI의 자유의지

자유의지의 존재 여부가 논란의 대상이지만, 자유의지는 인간의 정체성을 판단하는 기준이 되어 왔다. 자아의 인식, 자율적인 사고의 발현은 자유의지의 본질이자 표상이다. AI를 인간에 비견할 만한 지적 존재로 인정할 수 있을지는 AI가 자유의지를 지닐 수 있는지에 달려 있을 것이다. 자유의지의 의미와 특성을 확인하고, AI가 자유의지를 가질 수 있는지를 살펴본다.

AI와 야구?

자유의지 없는 행복

올더스 헉슬리(Aldous Leonard Huxley)의 디스토피아 소설 『멋진 신세계』의 '문명인'들은 인공수정으로 태어난다. 이들은 다섯 계급으로 나누어진 계급사회를 유지하기 위해 태아 시절부터 세뇌받으며, '소마'라는 약을 상시 복용한다. 소마는 행복과 안정감을 충만하게 만들어 주는 효능이 있다. 소마 덕분에 사람들은 말초적 욕구 외에 다른 욕망을 느끼지 못한다. 문명사회의 바깥에는 야만인 거주 구역이 있다. 이곳에 거주하는 사람들은 소마로 통제되는 문명인들과는 달리 인간의 본성을 그대로 간직하고 있다. 야만인 거주 구역에 살던 존은 문명인들에게 인간다움과 자유를 찾으라고 선동한다. 이후 총통의 서재로 불려간 존은 총통과 문명에 관해 토론한다. 인간다움과 자유와 선과 죄악을 원한다고 주장하는 존에게 총통은 "당신은 불행해질 권리를 요구하는 셈이군요"라고 묻는다. 존은 "나는 불행해질 권리를 요구하겠습니다"라고 답한다(올더스 헉슬리, 2015).

인간에게 자유의지(free will)가 있는지에 대한 논쟁은 오랜 연원을 가지고 있다. 이 논쟁은 인간이란 무엇인가라는 질문의 연장 혹은 핵심이다. 신경생리학자 벤저민 리벳(Banjamin Libet)은 실험을 통해 뇌가 움직임을 결정하기 전에 신체의 반응이 먼저 일어난다는 것을 확인했다. 이 실험이 알려진 이후 자유의지의 존재에 관한 논쟁이 번졌고, 자유의지는 환상에 불과하다는 주장도 제기되었다(수전 그린필드, 2004). 반면 리벳의 실험 자체에 대한 문제 제기가 이어졌으며, 인지과학자인 대니얼 데닛(Daniel C. Dennett)은 리벳의 실험이 자유의지의 존재를 부정하는 결론으로 이어질 수 없다고 주장하기도 했다(양해림, 2008). 자유의지의 존재 여부가 뜨거운 논란이 된 이유는 물리적 행동을 내 판단에 따라 취할 수 있느냐가 인간의 본질에 대한 물음과 직결되기 때문이다. 이 질문은 인간의 삶 전부와 연관되어 있다. 예를 들어 자유의지는 법과 도덕에 따른 권리와 책임을 판단하는 근거가 된다(Nahmias, 2015). 범죄를 구성하는 요건으로 고의를 중시하는 형법 체계에서 자유의지가 부정된다면 범법 행위에 대한 책임을 물을 수 없게 될 수도 있다(박주용 · 고민조, 2011). 『멋진 신세계』의 존은 자유의지에 따라 불행해질 권리를 선택했다. 반면 자유의지를 거세당한 덕분에 문명사회인은 행복하다.

이것은 나의 생각인가?

사건에 대해 이해하고 사고와 행동을 어떻게 해야 할지

판단하는 건 자아가 있기 때문이다. 자아는 행동의 주체로서 나 자신을 의미한다. 자아는 자신에 대한 인식을 전제하는데, 그 인식은 정체성, 환경에 따른 내적, 외적 조건의 상호작용을 통해 형성된다. 복잡다단한 인간의 내면을 일관된 하나의 자아로 정의한다는 건 불가능하다. 자유의지는 자아의 존재로부터 발현한다. 자아, 즉 주체가 없는 상태에서 자유의지는 원천적으로 존재할 수가 없다. 내가 있어야 나의 의지도 있기 때문이다.

AI는 데이터 처리 알고리즘에 기반한 연산의 결과를 제출한다. AI의 자연스러운 답변 혹은 작품은 인간의 언어나 예술의 패턴을 학습해 생성하는 것이지만, 이것은 인간이 하는 것과 같은 의식적 경험에 의한 의지적 발현과는 다르다. 따라서 AI가 제출하는 결과물들은 개개 AI의 자아의 표현이 아니다. 생명의 정의를 바꾸어 AI의 기능을 생명 활동으로 볼 수 있다는 관점에서는 AI 역시 개성을 가질 수 있다는 견해도 있다(김선희, 2021). 이러한 견해는 AI와 인간의 경계 자체를 없애자는 주장에 불과하다. AI가 보여 준 개성은 그 설계자나 데이터 제공자의 개성일 뿐, AI에게 자기 인식이 있다고 볼 수 없다.

자유의지가 전기 자극이나 화학 물질 분비에 의한 무의식적 기계적 작동 방식의 다른 말이 아니라면, 자아의 자유의지를 발현케 하는 동인은 자율성이다. '자율(自律, autonomy)'의 사전적 의미는 "남으로부터 지배나 구속을 받지 않고, 자기의 행동을 자기가 세운 규율에 따라 바르게 절제하는 일"이다. 여기에는 자신이 속해 있는 공동체 안에서 동등한 권능을 가진 주체들과의 관계에 일정하게 제약된다는 특성도 포함된다. 그런데 자율이 작동하기 위해서는 어떤 목표를 설정하고 구체적인 내용을 기획하는 것뿐만 아니라 목표 자체에 대한 성찰과 반성이 필요하다. 성찰의 결과 목표 자체가 불가능하다거나 혹은 해서는 안 될 일이라는 판단이 선다면 그 목표는 자율적으로 폐기될 수 있다. 자율의 가능성은 이전에 구축했던 체계를 전복할 수 있다는 데에 있다. AI의 연산 처리를 한 단어로 표상하자면 그것은 '자동(automatic)'일 것이다. 기계나 장치가 스스로 작동하는 상태를 나타내는 '자동'은 '자율'과 전혀 다른 의미다. '자율주행'이라고 표현되는 자동차 운행 방식에서 '자율'이라는 단어가 '자동'이라는 단어와 교환 가능한 개념으로 사용되고 있지만(고인석, 2017), 이 두 단어의 차이는 분명하다. 자동은 작업을 실행하는 개체의 자율성을 전제하지 않는다.

이미지 인공지능(AI Image Generator)을 이용한 'AI 예술(AI art)'이 활발하다. 그에 따른 반응도 각양각색이다. AI 어플리케이션을 이용한 작가의 개인전이 유명 갤러리에서 전시되는가 하면, 같은 이유로 예술가들의 항의를 받기도 한다(김민지, 2023). 또는 절도와 다름없이 무단으로 예술가들의 작품을 수집해 물의를 빚기도 한다. 이미지, 텍스트, 영상을 가리지 않는 무차별적인 작품의 도용은 결국 실존하는 예술가들을 도태시키고 대체하게 될 것이라는 우려가 증폭한다(Merchant, 2023).

AI의 학습 속도와 학습에 이용하는 데이터의 양은 인간의 그것과 비교할 수조차 없을 정도로 막대하다. 그런데 인간이 만든 데이터의 총량은 한계가 있고 이 한계를 넘어선 데이터를 요구하게 되는 순간, 인간의 창작과 AI의 창작은 완전히 다른 양상을 보이게 된다. AI는 지금까지 인간이 만들어 놓은 데이터를 기반으로 텍스트를 만들거나 이미지 또는 영상을 만들었지만, 이제 AI가 생성한 데이터들이 인간의 그것을 능가하는 상황이 발생한다. 인류가 파피루스를 시작으로 2000년대 초까지, 즉 기원전 3000년경부터 5000년 동안 생성한 데이터의 총량은 20엑사바이트(exabyte), 즉 2천 경 바이트라고 한다. 그런데 2000년대 초반부터 2021년까지 생산된 전 세계 데이터 총량은 약 50제타바이트(zettabyte)에 이른다고 추정된다. 5000년 동안 생산된 데이터보다 지난 20년 동안 생산된 데이터의 양이 무려 2,500배나 많다는 것이다(동아일보, 2022.8.24). 이렇게 데이터가 넘치는 것 같지만, AI가 학습에 사용할 수 있는 인간이 생성한 데이터는 고갈될 것이다. AI의 속도를 따라갈 수 없기 때문이다. 특히 고품질 언어 데이터는 2026년경 고갈이 예상되며, 데이터의 고갈은 기계학습모델의 규모 확장 과정에서 병목으로 작용할 것이라고 한다(Villalobos et al., 2024). 이제 AI가 생성한 데이터가 누적되면서, AI는 인간이 생성한 데이터뿐만 아니라 AI가 생성한 데이터들을 학습에 사용하거나 재가공하게 된다. 이렇게 되면 AI 학습의 병목만이 아니라 AI '모델 붕괴(model collapse)'라는 문제가 발생한다. 선행 모델에서 생성된 텍스트를 학습에 사용한 결과 AI가 생성한 이 합성 데이터(synthetic data)가 학습 집합을 오염시키면서 엉뚱한 출력을 하게 된다. 동족 포식 현상(cannibalistic phenomenon)으로 인해 중층누적된 오류가 반복되면서 AI가 오류만 학습하고 다른 것은 학습하지 못하는 상태로 이어진다(Shumailov et al., 2024).

인간에게는 자아에 형성된 예술에 대한 의식이 있다. 몸으로 체득한 감각을 분류하고, 그 안에서 미추선악을 구분하는 나름의 기준을 설정하고, 자신의 기준에 따른 상상력과 영감을 발휘함으로써 인간은 작품을 만들어 낸다. 학습과 모방, 창작으로 이어지는 과정을 밟으며 예술 행위는 진행된다. 얼핏 보면 인간의 작품을 학습하고 모방하면서 나름의 결과물을 내놓는 AI의 연산처리는 인간의 예술 행위와 유사하다. 그러나 인간은 데이터의 집적에 따른 동족 포식의 현상을 겪지 않는다. 자아의 인식에 기반한 자유의지가 이러한 '붕괴'를 일으키지 않도록 작용하기 때문이다. '나의 생각'이 없는 AI는 도달할 수 없는 경지다.

참고문헌

고인석(2017). 인공지능이 자율성을 가진 존재일 수 있는가?, ≪철학≫, 제133집, 한국철학회, 163-187쪽.

김민지(2023). "생성형 AI가 그린 그림, 예술이 맞나요?", 동아비즈니스리뷰, https://dbr.donga.com/article/view/2102/article_no/10885

김선희(2021). 『인공지능, 마음을 묻다』, 한겨레출판.

동아일보(2022.8.24). [모두를 위한 인공지능]5. 우리에게 '데이터'는 어떤 의미인가, https://www.donga.com/news/It/article/all/20220824/115122895/1

박주용 · 고민조(2011). 자유의지에 대한 Libet의 연구와 후속 연구들-신경과학적 발견이 형법에 주는 시사점을 중심으로, ≪서울대학교 법학≫, 제52권 제3호, 서울대학교 법학연구소,

477-510쪽.
수전 그린필드 지음, 정병선 옮김(2004). 『브레인 스토리』, 지호.
양해림(2008). 뇌 과학과 자유의지의 문제-하버마스의 자유의지와 뇌 연구의 논의를 중심으로, ≪동서철학연구≫, 제50호, 한국동서철학회, 153-174쪽.
올더스 헉슬리 지음, 안정효 옮김(2015). 『멋진 신세계』, 소담출판사.
현성용 외(2020). 『현대심리학의 이해』(4판), 학지사.
Merchant, B.(2023).Column: Your boss wants AI to replace you. The writer' strike shows how to fight back, LA Times, Available at https://www.latimes.com/business/technology/story/2023-05-11/column-the-writers-strike-is-only-the-beginning-a-rebellion-against-ai-is-underway
Nahmias, E.(2015). Why We Have Free Will, Scientific American, Available at https://www.scientificamerican.com/article/why-we-have-free-will/
Shumailov, I., et al.(2024). AI models collapse when trained on recursively generated data, *Nature*, Vol 631, pp. 755-759. Available at https://www.nature.com/articles/s41586-024-07566-y
Villalobos, P., et al.(2024). Will we run out of data? Limits of LLM scaling based on human-generated data, arXiv, Available at https://arxiv.org/pdf/2211.04325

07
AI의 존엄성

인간이므로 당연히 존엄성을 보장받는다는 기존 관념이 도전받고 있다. 동물이나 자연 역시 존엄한 대상이며 존중받아야 한다는 사상이 현실의 제도 정비로 이어지고 있다. 자연물을 넘어 인공물도 존엄성을 인정받아야 하며 AI 또한 존엄성을 부여받아야 한다는 주장이 나오는 중이다. 존엄성의 조건은 무엇이며, 그 조건이 AI에게도 적용될 수 있을지를 살펴본다.

AI와 윤동주?

'인간으로서의' 존엄

대한민국 헌법 제10조는 "모든 국민은 인간으로서의 존엄과 가치를" 가진다고 규정하고 있다. 인간이라면 누구나 존엄한 존재라는 것이다. 존엄이란 함부로 범접할 수 없는 높고 엄숙함을 말한다. 헌법은 이토록 숭고한 지위가 인류 모두에게 보편적으로 적용되어야 한다고 선언하고 있다. 인간의 존엄은 종교적 및 철학적으로 오래도록 유추된 가치였다. 기독교적 전통에서는 신과의 관계에서 인간의 존엄이 유추되며(김용해, 2004), 인간 스스로 원죄에 대해 자각하는 것이 인간 존엄의 중요한 요소가 된다(김용해, 2005). 불교에서는 본성에 대한 성찰을 할 수 있는 존재이기에 인간으로서의 존엄성이 부여된다고 한다(김도공, 2002). 특히 유교에서는 인간의 도리, 양심 등을 갖추어 금수의 수준을 넘는 인격 도야와 사단지심(四端之心)을 통한 도덕적 실천으로서 인간 존엄이 극대화된다고 본다(박승현, 2014). 철학에서 인간 존엄을 정립한 이로는 대표적으로 칸트가 있다. 칸트에 따르면 도덕법칙의 수립과 법칙에 따른 행위 능력으로서의 이성이 인간 존엄성의 근간이며 실천이성은 인간 존엄의 근원이다. 도덕적이지 않은 사람조차 인간의 존엄성을 가지는데, 인간은 다른 것으로 대체할 수 없이 존재

자체가 목적이기 때문이다(강현정, 2007). 오늘날 인간의 존엄은 개인과 공동체의 가치를 규정하는 핵심 기능이 되었다. 각국의 인권선언과 세계인권선언은 입헌주의 국가의 헌법과 법률의 출발점이자 핵심적 가치가 되었고, 국가가 지향해야 할 최종 목적이 되었다(차수봉, 2016).

인간이니까 당연히 존엄성을 보장받는다는 이념은 일종의 순환논증에 빠지면서 한계를 드러낸다. 그 한계를 드러내는 의문 중 하나가 인간 외의 존재에게는 존엄성을 부여할 수 없는가 하는 것이다. 애초 근대 이전의 세계에서 원래 의미에 합당한 존엄은 신의 것이거나 혹은 신을 대리한 사제 또는 군주의 몫이었다. 보통의 인민에게 부여된 인간의 존엄성이라는 건 신의 허용 아래 혹은 군주의 배려 속에서만 유추될 수 있었다. 그러던 존엄이 오늘날 모든 사람의 고유한 가치로 승화되었고 이제 존엄성이 보장되어야 할 주체의 확장에 대한 논의가 벌어지고 있다. 인간중심주의 혹은 종차별주의에 대한 회의와 반성이 제기되면서, 인간 외의 존재에게 존엄성이 있는가라는 문제가 확산하는 중이다. 헌법이 말하는 '인간으로서의'라는 전제가 과연 존엄의 경계가 될 수 있는지 의심받고 있다.

기계는 불멸할지니

인간 외의 존재도 존엄성을 가지고 있다는 논의는 우선 동물권 운동에서 확인할 수 있다. 유네스코는 1978년 10월 '세계 동물 권리 선언(The Universal Declaration on Animal Rights)'을 선포했다. 선언은 전문에서 "모든 생명체는 천부적 권리를 가지며"라고 천명한다. 인간에게 천부적 권리가 있는 것과 같은 맥락에서 그 권리의 주체를 모든 생명체로 확장한 것이다. 동물은 도덕적으로 존중받을 권리를 지닌 존재이므로 인간의 이익과 관계없이 권리를 부여해야 한다는 주장으로까지 이어지고 있다(윤익준, 2016). 더 나가 동물에게 법적 인격을 부여하고 참정권을 부여함으로써 동물을 정치공동체의 일원으로 포함해야 한다는 주장도 제기된다(엘러스데어 코크런, 2021).

존엄의 인정 대상은 동물에서 멈추지 않는다. 존재하는 자체로 존엄을 인정받아야 할 대상은 자연 전체로 확장된다. 2008년 에콰도르는 세계 최초로 '자연의 권리'를 헌법에 명문화했다(박태현, 2019). 자연과의 조화로운 삶을 이념으로 하는 '부엔 비비르(Buen Vivir)' 정책을 바탕으로 볼리비아는 2010년 '어머니 대지법'을 제정했다(신미경, 2023). 2017년 뉴질랜드 의회는 황거누이강

(Whanganui river)에 대하여 법인격을 부여하는 법률을 제정했고(르몽드 디플로마티크, 2017.4.10), 그 이전에 테 우레웨라(Te Urewera) 국립공원에 법인격을 부여한 바가 있다. 강이나 국립공원 혹은 고권이 미치는 영토에 국한된 존엄성의 부여를 넘어 지구 전체, 더 나아가 우주의 존엄성을 인정하자는 주장도 있다. 신학자이자 문화사학자인 토머스 베리(Thomas Berry)는 지구법학이라는 새로운 법 체계를 제안하면서, 지구 공동체 모든 구성원에게 존재할 권리, 거주할 권리, 공진화에 참여할 권리가 있음을 천명했다. 권리는 종과 역할에 따라 다르다. 강에는 강의 권리가 있고 꽃에는 꽃의 권리가 있는 등 다양한 권리가 존재하는데 이 권리를 통해 다른 성원과 관계를 형성한다. 지구상의 모든 존재는 제1의 원칙인 우주의 법, 즉 우주 생성의 원칙 안에서 상호 존엄성을 인정하고 관계를 맺어야 할 존재가 된다(강금실, 2021).

숭고한 존엄성을 인정받아야 할 대상은 이제 인간의 피조물에까지 영역이 확대된다. 미국 로봇 학대 방지 협회(The American Society for the Prevention of Cruelty to Robots, ASPCR)는 AI와 로봇에 대한 학대와 착취에 맞서 투쟁하고 있다. ASPCR은 언젠가는 도래할 로봇의 초월적 능력을 염두에 두고 (AI가 장착된) 로봇에게 인간과 같은 권리를 부여할 것을 주장하고 있다. 이들은 사람이 만들었든 신이 만들었든 간에 모든 '지각 있는 존재'는 양도할 수 없는 권리를 가지고 있다고 믿는다(http://www.aspcr.com/). ASPCR의 주장은 아직 대세의 흐름을 만들지는 못하고 있다. 비디오게임 '워해머 40,000(Warhammer 40,000)'의 세계관에서 인류 제국의 과학기술을 담당하는 조직인 '아뎁투스 메카니쿠스'는 기계교를 신봉한다. 게임의 인트로 영상에서 확인할 수 있는 기계교의 교리는 육체의 나약함을 기계의 힘으로 대체하는 것이다. "기계는 불멸할지니" 불멸의 존재야말로 존엄성의 주인이다.

다시 인간의 존엄으로

동물이나 자연이 인간의 존엄을 의도적으로 해칠 것으로 보이진 않는다. 동물은 여전히 인간이 본능이라고 말하는 생태를 유지할 것이며, 인간이 동물에게 위해를 가하는 일은 있어도 동물이 인간의 존엄에 도전하진 않을 것이다. 자연도 마찬가지다. 기후 위기로 인해 자연계의 균형이 깨지면서 인간에게 피해가 돌아올지라도 그것은 말 그대로 자연적인 현상일 뿐이다. 자연이 인간에게 위해를 가하기 위해 강력한 태풍을 만들어 내거나 화산 폭발 같은 대규모 지질 변화를 일으키진 않을 것이다. 오히려 기후 위기야말로 인간이 자연을 도구로 소외시킨 결과물인 것처럼, 인간이 자연에 행하는 위해가 도로 인간에게 위험을 가져올 뿐이다. 이 경우, 인간이 동물이나 자연에게 취했던 소외와 배제의 태도를 철회하고 공존의 길을 모색하기 위해 동물과 자연의 존엄을 상기한다는 것은 얼마든지 가능하다. 하지만 동물과 자연의 존엄성을 보장한다는 것은 인간의 윤리적 도덕적 책무를 두텁게 하는 것일 뿐 그것이 곧장 동물 혹은 자연으로 하여금 스스로의 존엄성을 자각하도록 만들 수 있는 것은 아니다.

AI에 대한 일련의 두려움이 작동하는 이유는 AI가 동물과 달리 인간에게 의도적으로 위해를 가할지도 모른다는 생각 때문이다. 동물이나 자연은 원천적으로 인간의 피조물이 아니다. 사육이나 사냥, 지형지물의 건설 또는 파괴 등 인간의 인위적 조작이 가해질 수는 있지만, 동물이나 자연은 그 원천이 인간의 손은 아니다. 이와 달리 AI는 철저하게 인간에 의해 창조되었다. 인간이 입력한 명령에 따라 연산을 하고 결과를 출력한다. 그런 AI가 초지능으로 진화해 인간에게 도전하고 인간의 존엄성을 침해할 수 있다는 디스토피아적 상상은 의외로 상당한 설득력을 가지면서 사람들을 걱정하게 만든다.

이런 불안을 없애기 위해 AI에게 적용되어야 할 윤리 원칙 같은 것이 만들어진다. AI는 인간의 존엄성을 존중해야 하며, 이용자의 명령에 복종해야 한다는 등의 원칙이다(양천수, 2021). 그런데 이러한 불안은 인간의 존엄을 침해하는 진짜 가해자가 누구인지를 흐릿하게 만든다. 인간이 어떤 요구를 하느냐에 따라 AI가 내놓는 결괏값은 달라질 수밖에 없다. 그렇다면 저 AI가 지켜야 할 원칙이라는 건 기실 AI를 설계하거나 제작하거나 활용하는 사람들이 지켜야 할 원칙이나 다름없다. 결국 문제는 인간이며, 인간이 인간의 존엄성을 어떻게 지켜야 하느냐의 문제로 환원된다. AI의 존엄성을 운운하는 건 실은 인간의 존엄성이 훼손되는 걸 감추기 위한 위장에 불과하다.

참고문헌

강금실(2021). 『지구를 위한 변론: 미래 세대와 자연의 권리를 위하여』, 김영사.

강현정(2007). 칸트 철학에서 인간 존엄성의 문제, ≪칸트연구≫, 제20집, 한국칸트학회, 1-28쪽.

김도공(2002). 인간의 존엄성에 대한 교리적 근거, ≪원불교사상≫, 26집, 원광대학교 원불교사상연구원, 273-295쪽.

김용해(2004). 동아시아에서의 인권의 보편성 논쟁과 인간 존엄성, ≪신학전망≫, 145호, 광주가톨릭대학교 신학연구소, 107-129쪽.
김용해(2005). 그리스도교 사상 안에서의 인간 존엄성 근거-토마스 아퀴나스와 마르틴 루터를 중심으로, ≪철학연구≫, 제96집, 대한철학회, 107-133쪽.
르몽드 디플로마티크(2017.4.10). 뉴질랜드의 강이 인간과 동등한 법적 권리를 부여받다, https://www.ilemonde.com/news/articleView.html?idxno=7189
박승현(2014). 맹자철학에 있어서 인간의 존엄성 문제, ≪공자학≫, 27권, 한국공자학회, 77-114쪽.
박태현(2019). 에콰도르 헌법상 자연의 권리 그 이상과 현실, ≪환경법연구≫, Vol.41, no.2, 한국환경법학회, 107-141쪽.
신미경(2023). 부엔 비비르 담론과 정책적 실천: 볼리비아 아르세 정부를 중심으로, 고려대학교 대학원 석사학위 논문.
양천수(2021). 『인공지능과 혁명과 법』, 박영사.
엘러스데어 코크런 지음, 박진영 · 오창룡 옮김(2021). 『동물의 정치적 권리 선언』, 창비.
윤익준(2016). 동물의 지위에 대한 법정책적 담론-현행법상 동물의 보호와 동물복지를 중심으로, ≪법과 정책연구≫, 제16집 제1호, 한국법정책학회, 37-65쪽.
차수봉(2016). 인간존엄의 법사상사적 고찰, ≪법학연구≫, 제16권 제2호, 한국법학회, 1-22쪽.

08

AI의 지위

AI는 인간이 하던 일을 대신하면서 인간의 자리를 빠르게 대체하고 있다. 자동기계와 결합한 AI는 전문직은 물론 현장직까지 영역을 넓히면서 그 일을 하던 사람을 소외시킨다. 산업혁명기에 인간이 기계의 부속으로 전락했던 것처럼, 인간이 AI의 부품이 되는 현상에 우려의 목소리가 나온다. 세계의 주체였던 인간이 AI에게 밀려나고 있는 현황과 내막을 살펴본다.

AI와 한의학?

누가 나를 심판하는가

현직 판사 208명에게 같은 형사 사건의 정보를 주고 판결을 해 달라고 요구했다. 판결에는 형량이 포함되어야 했다. 결과는 놀라웠다. 판사에 따라 최단 징역 10년에서 최장 20년에 이르기까지 형량의 차이가 무려 10년이나 벌어졌던 것이다. 이렇게 큰 형량의 차이를 좌우한 주요 요인은 판사들의 개인적인 컨디션이었다. 예컨대 배가 고플 때 또는 자신의 연고지 축구팀이 경기에서 졌을 때 형량이 늘어났다. 자신의 생일에는 형량이 줄어들고 날씨가 선선하면 형량이 줄어드는 경향도 확인되었다. 즉 판사의 입장에서 불쾌하고 신경이 곤두서는 환경에서는 형량이 올라가고, 편안하고 즐거운 환경에서는 형량이 내려간다는 것이었다(대니얼 카너먼 외, 2022). 신체적 또는 환경적 컨디션 외에 다른 요인이 판결에 영향을 미치기도 한다. 사건을 받아 개요를 확인하고 증거를 검토하고 관계된 정보를 처리하고 당사자들의 책임을 판단하는 각 과정에서 법관은 프레이밍, 상관성 착각, 후견편향, 확증편향 등 다양한 인지적 오류의 영향을 받는다. 합리적 판단을 하기엔 시간이 없거나 정보가 부족할 때, 또는 합리적 판단이 굳이 필요 없을 때 활용되는 축약법 또는 어림법을 '휴리스틱(heuristics)'이라고 한다.

휴리스틱은 잘 운용되면 시간과 자원을 줄이는 효과가 발생할 수 있다. 하지만 휴리스틱이 작동하기 곤란한 상황에서라면 도리어 이 과정에서 인지적 오류가 발생한다(이종엽, 2020). 이러한 인지적 오류로 인해 법관의 양형이 달라진다.

유사한 사건임에도 형량의 차이가 크게 난다면 사법에 대한 신뢰도가 떨어지게 된다. 실험의 결과만이 아니라 실제로도 형량 차이가 들쭉날쭉했는데, 미국에서는 위조수표를 사용한 두 사람에 대해 한 사람은 15년, 다른 사람은 징역 30일이 선고되는 사건이 있었다. 앞의 사람이 사용한 위폐는 58달러 40센트였고, 뒤의 사람은 35달러 20센트였다. 둘 다 범죄 전력이 없었음에도 형량이 15년이나 벌어졌다. 컬럼비아대학 교수이자 판사였던 마빈 프랑켈이 이 사건을 폭로한 건 1973년이었다. 이러한 오류를 줄이기 위해 판결 과정에 기계적인 보조가 도입되어야 한다는 주장이 제기되었다(대니얼 카너먼 외, 2022).

50년 전의 주장은 오늘날 현실이 되어 나타나고 있다. 에스토니아는 전 국민 빅데이터 플랫폼인 'X-로드(X-Road)'를 구축했고, 이를 기반으로 7,000유로 이하의 소액 재판에 AI 판사를 쓰기로 했다. 에스토니아 사법부에서는 다양한 분야에 AI를 활용하고 있는데, 판결문 정리, 문서 번역, 검색, 법률 자문 봇 등의 용도에 이용되는 상태다(사법정책연구원, 2019.12.18). 노하우가 쌓이면 규모가 큰 민사 소송이나 형사 재판에서 AI가 판사를 보조하도록 할 것이라고 한다(고광본, 2019.12.18). 중국은 법원 판결문 작성에 생성형 AI를 보조 시스템으로 도입했다(스마트 법원 시스템). 판사가 사건 관련 정보와 재판 기록, 판례 등을 시스템에 입력하면 각종 자료와 법률 데이터를 기반으로 AI가 판결문을 작성한다. 사용 결과 해당 시스템의 사실관계 확인 정확도는 95% 이상이며 판결문의 완성도는 70%에 달한다고 한다(황수민, 2023.11.28). 이 스마트 법원 시스템은 2019년부터 2021년까지 판사들의 업무를 3분의 1로 줄였고, 인민들의 노동 시간을 17억 시간 절약하는 성과를 거뒀다(SK텔레콤 뉴스룸, 2024.2.22). 한국의 사법부도 AI를 활용하는 방안을 모색 중이다. 법관의 검색 업무 보조, 소송 기록의 요약과 요점 추출, 판결문 초고 생성 등이 그것이다(고학수 외, 2020). 우선은 판례 중 유사 사례를 자동 추천하는 모델을 개발 중이며, 유사도 판정 AI 모델, 소송 기록 비식별화 AI 모델을 개발 대상으로 하고 있다(박수연 외, 2024.5.29). 형량을 고민하게 되는 피고인들이 인간과

AI 중 누구에게 판결을 받는 것이 유리할지 고민할 시기가 다가오는 것처럼 보인다.

사람이 사라진다

사법과 함께 고도의 전문성이 요구되는 분야라고 할 수 있는 의료계 역시 AI 기술의 파급이 상당하다. 코로나 19 팬데믹의 급박한 상황에서 AI는 통상 10년이 걸린다는 백신 개발 기간을 1년 안으로 단축하는 데 기여했다. AI는 각종 신약을 개발하는 기간을 단축하고 임상 성공률을 높이는 데 필수적인 역할을 한다(송연주, 2023.10.2). 헬스케어 전반에 걸쳐 AI 기술의 활용도가 높아지면서 시장 규모가 급격히 커질 것으로 예상된다. 빅데이터와 IT인프라가 잘 갖춰진 국가일수록 AI 헬스케어의 확대가 용이하다고 한다(삼정KPMG 경제연구원, 2024). AI가 의사의 역할을 대체할지도 논쟁이 되고 있다. 구글 헬스 AI팀의 보고서에 따르면, 임상의와 AI에게 같은 사례를 제공하고 진단을 요구했을 때, AI 단독으로 진단을 한 경우 정확도가 59.1%에 달하는 반면, 임상의 단독으로 진단한 결과의 정확도는 33.6%에 불과한 것으로 나타났다. 임상의가 AI의 도움을 받은 결과는 AI 단독으로 진단했을 때보다 낮은 51.8%였다. 자료가 텍스트만으로 제공되었기에 이미지나 표가 같이 제공될 경우 AI가 더 정확한 진단을 했을 것이라는 추정이 가능하다(McDuff et al., 2023). 산업 현장의 풍경도 AI로 인해 크게 변할 것이라는 전망이다. 한국의 경우 전체 일자리 중 341만 개에서 398만 개의 일자리가 AI로 대체될 것이라는 전망이 있다. AI 노출 지수가 높은 직역이 우선 대상이 될 것이며(한국은행, 2023.11.16), 의사와 변호사, 회계사, 자산운용가 등 전통적으로 고소득 전문직종으로 여겨졌던 직업도 다수 포함되어 있다(정재혁 외, 2019).

AI가 인간을 대체하는 모습은 흡사 산업혁명 당시 기계가 사람을 대체하는 상황을 연상케 한다. 일자리가 사라지거나 남아 있더라도 임금 하락과 고용 불안정이 심화되는 상황이 재연된다. AI를 활용한 기업은 더 많은 이윤을 확보하지만, AI가 대체한 자리에 있던 노동자의 임금 소득을 감소시키고 불평등을 조장할 수 있다(한국은행, 2023.11.16). 마르크스(Karl Marx)는 대공장의 노동자들이 기계의 부속으로 전락하는 상황을 언급한다. "매뉴팩처와 수공업에서는 노동자가 도구를 사용하지만, 공장에서는 기계가 노동자를 사용한다"는 것이다. 인간을 위해 등장한 기계가 인간을 부속으로 전락시키는, 즉 인간을 소외시키는 현상이 발생한다(카를 마르크스,

2015). 기계는 철저하게 자본가의 이익을 극대화하는 쪽으로 운용되지만, 인간은 사라지거나 혹은 부속이 된다. AI의 도입으로 벌어지게 된 양상은 마르크스가 묘사했던 당시의 상황과 차이가 없어 보인다. 노동자가 현장에 없는 무인공장이 계속 늘어나고 있다. 아디다스의 스피드 팩토리(Speed Factory)는 단 10명의 노동자로 50만 켤레의 신발을 생산하며(이재원, 2016.10.18), 일본의 산업용 로봇 제조사 화낙(FANUC)이나 폭스콘이 중국 선전에 세운 무인공장은 사람 없이 제품을 생산하고 있다(KSAM, 2023). 더 나아가 AI는 사람으로 하여금 생각할 필요가 없도록 만들지도 모른다. 너무나 복잡하기에 AI만이 이해하고 조작할 수 있는 시스템, 그러나 AI에게 맡겨 놓으면 생각할 필요 없이 알아서 처리되는 그런 시스템 속에서 생각 자체가 죽어 버리는 세계가 도래할 수 있다(유발 하라리, 2018). 마르크스주의에서는 노동이 세계를 변화시키는 동력이며, 노동자가 세계를 변화시키는 주체라고 보았다. 그 관점에서, AI가 노동자를 소외시키는 현상은 세계를 변화시키는 주체가 바뀌고 있다는 것을 의미한다.

그러나 AI가 인간을 전면적으로 대체할 수는 없다. 수집된 데이터의 편향성을 극복하지 못한 AI에게 판결을 전면적으로 맡기긴 어렵다. 아무리 사건이 비슷해도 당사자의 상태나 사건 발생의 경위, 조건에 따라 판단해야 할 지점이 달라진다. 개별 사건의 특수성을 무시한 채 데이터의 평균에 따라 사법적 결론을 내릴 수는 없다. 동종 데이터의 누적에 따른 AI의 모델 붕괴 또는 소위 '환각' 현상의 위험을 해소하는 것이 먼저다. 이는 의료계에도 해당하는 전제다. 텍스트 혹은 주어진 정보로 AI의 능력을 확인하는 것과 실시간 발생하는 환자의 상태를 파악하고 처방을 하는 것은 비교가 곤란하다. AI 모델이 의사를 대체하려면 AI가 학습하는 데이터부터 신뢰할 수 있어야 한다. 다른 노동 현장 역시 마찬가지다. 사라지는 일자리, 불안정해지는 일자리를 조장하는 것은 AI가 아니라 AI를 만들고 사용하는 사람들이다. 세계의 주체라는 지위에서 탈락하지 않기 위한 사람들 간의 경쟁이 있을 뿐이다.

참고문헌

KSAM(2023.9.4). 무인공장 vs 스마트공장, 무엇이 어떻게 다른가?, https://www.ksam.co.kr/p_base.php?action=story_base_view&s_category=_3_&no=2030

SK텔레콤 뉴스룸(2024.2.22). [AI 톡터뷰] 판사 출신 문유진 변호사에게 "AI 판사"를 묻다,

https://news.sktelecom.com/201632
고광본(2019.12.18). 인공지능(AI) 판사 '솔로몬의 지혜'인가 '법원 판결 보조'인가, 서울경제,
https://www.sedaily.com/NewsView/1VS4GLKXRI
고학수 외(2020). 사법부에서의 인공지능(AI) 활용방안,
https://www.scourt.go.kr/portal/policy_service/manage/ManageViewAction.work?gubun=1&pageIndex=1&searchWord=&searchOption=&seqnum=281
대니얼 카너먼 외 지음, 장진영 옮김(2022). 『노이즈: 생각의 잡음』, 김영사.
박수연 외(2024.5.29). 사법부 자체 AI 개발 착수했다, 법률신문,
https://www.lawtimes.co.kr/news/198626
사법정책연구원(2019.12.18). AI와 법 그리고 인간,
https://jpri.scourt.go.kr/post/postView.do?lang=ko&menuSeq=12&boardSeq=8&search=&searchName=&researchYears=&curPage=10&pageNum=1&seq=1089
삼정KPMG 경제연구원(2024). AI로 촉발된 헬스케어 산업의 대전환, Samjong Insight, Vol.89,
https://kpmg.com/kr/ko/home/insights/2024/06/kr-insight-89.html
송연주(2023.10.2). [K-AI 열전⑤]신약 개발기간 절반 단축…부작용까지 예측, 뉴시스,
https://www.newsis.com/view/NISX20230918_0002454678
유발 하라리 지음, 전병근 옮김(2018). 『21세기를 위한 21가지 제언』, 김영사.
이재원(2016.10.18). 아디다스 로봇이 반(反) 세계화 전사로 나서다?, TTimes,
https://www.ttimes.co.kr/article/2016101716097730835

이종엽(2020). 『법적 판단에 있어 인지적 오류와 극복방안』, 사법정책연구원.

정재혁 외(2019). 기술의 발전에 따른 미래 일자리에 대한 예측 모델에 관한 연구, ≪정보화연구≫, 16권 2호, 한국엔터프라이즈아키텍처학회, 155-163쪽.

카를 마르크스 지음, 김수행 옮김(2015). 『자본론 I-하』, 비봉출판사.

한국은행(2023.11.16). AI와 노동시장 변화, BOK 이슈노트, https://www.bok.or.kr/portal/bbs/P0002353/view.do?nttId=10080538&menuNo=200433

황수민(2023.11.28). 中 법원서 판결문 작성하는 '생성형 AI' … "정확도 95%", 서울경제, https://www.sedaily.com/NewsView/29XETQS9QQ

McDuff, D. et al.(2023). Towards Accurate Differential Diagnosis with Large Language Models, arXiv, Available at https://arxiv.org/abs/2312.00164

09
AI의 인정투쟁

인간과 AI가 상호작용하는 시대가 되었다. 상호작용은 서로 동등한 주체들 사이에서 이루어질 수 있다. 상호 간의 균형이 깨지게 되면 한쪽은 주도하고 한쪽은 의존하게 된다. AI 기술이 발전하면서 인간과 AI가 주도권을 놓고 경쟁하게 될 것을 우려하는 목소리가 있다. AI와 인간이 주인과 노예의 자리를 두고 인정투쟁을 벌이게 될지 그 가능성을 살펴본다.

AI와 화장품?

"AI가 옳고 안전하니까"

구글 연구팀이 2022년 실시한 조사는 AI에 대한 신뢰가 인간에 대한 신뢰보다 높을 수 있음을 보여준다. 연구팀은 인도의 AI 사용자들을 대상으로 AI에 관한 설문과 인터뷰를 진행했다. 이 조사에서 응답자의 79.2%가 인공지능의 결정을 수용한다고 응답했다. 낮은 위험도의 AI 시나리오를 수용할 의향이 있다고 답한 비율은 84.1%에 달했다. 응답자들이 AI의 시나리오를 취하는 태도 중 첫째는 믿음이다. 컴퓨터는 인간처럼 실수하지 않는다는 믿음, AI는 규칙을 따르고 공정한 시스템으로 시나리오를 제안할 것이라는 믿음이다. 둘째는 용서인데, AI가 제안한 여러 선택지 중 하나를 택한 사용자는 해당 선택이 잘못되었더라도 그 선택을 자신이 했으므로 AI에게 책임을 묻지 않는다. 또한 AI가 잘못된 선택지를 제시하도록 프로세스를 만든 기관 또는 다른 사람에게 책임을 돌린다. 셋째는 자책감이다. 사용자들은 불리한 결과가 도출된 건 자신들이 데이터를 제대로 제공하지 않았기 때문이라고 생각한다. 마지막은 감사하는 마음이다. AI가 편리함을 제공하고 타인에 대한 의존을 줄여 준 데 대한 감사다. AI를 사용하면서 해방감을 느낀 사용자는 AI에게 충성심과 고마움을 가졌다. 사용자들이 AI를 신뢰하는 데에는 나름의 경험과 판단이 작동한다. 차별적 관행이나 부당한 처우를 받았던 경험이 있는 사람들은 AI를 사람보다 더 신뢰한다. 기술 발전에 대한 낙관적인 정보는 AI를 믿을 수 있는 기술이라고 생각하게 만든다. 경제적, 지리적, 시간적 제약으로 인해 오프라인의 서비스를 이용하기 어려운 경우 대체제로 AI를 활용하면서 신뢰를 갖게 된다(Kapania et al., 2022).

한국은 세계적으로 기술과 디지털 미래에 대한 신뢰도가 가장 높은 것으로 조사되었다. 한국 소비자의 65%는 기술이 사회를 더 활발하게 만들 것이라고 믿었다. 64%가 디지털 환경에 대한 기대와 준비가 되어 있다고 응답했는데, 이러한 반응은 세계 평균을 훨씬 웃도는 수준이었고, 미국(35%)에 비해 거의 두 배나 높은 수준이었다(정종길, 2022.8.18). AI는 한편으로는 불안감의 대상이다. 알고리즘의 오작동이나 환각, 연산 처리의 과정을 알 수 없는 블랙박스, 고용 불안정 유발이나 프라이버시 침해 등이 불안감의 원인이다. 이러한 불안감은 AI 기술이 발전하고 있으며 AI 시스템이 충분히 제어되고 있다는 정보에 따라(김길수, 2020) 신뢰와 낙관으로 전환될 수 있다. 기술에 대한 신뢰가 커진다는 것은 기술에 의존하는 경향이 심화된다는 것을 의미한다. 사람과 AI

는 자연스럽게 상호작용하기 시작한다. 그런데 상호작용은 항상 당사자 사이의 동등한 지위에서 일어나는 것이 아니다. 더 많은 정보와 아이템을 가진 쪽은 흐름을 끌고 가며, 그렇지 않은 쪽은 상대의 흐름에 의탁한다. AI에 대한 신뢰는 AI에 의존하는 경향을 만들 위험이 있다. 구글 연구팀의 보고서 제목처럼, "AI는 완전히 옳고 안전하니까".

묘약이자 독약인

'파르마콘(pharmakon)'은 플라톤의 『파이드로스』에 등장하는 묘약의 이름이다. 파르마콘은 치료약인 동시에 이것에 의존하게 만드는 독이다(플라톤, 2008). 현대의 파르마콘은 디지털 테크놀로지다. AI를 비롯한 첨단 디지털 기술은 삶을 편리하게 해주는 수단일 수도 있지만, 우리 자신의 능력을 박탈하고 우리의 행위와 삶을 조직적으로 파괴하는 수단이 될 수도 있다(스티글러 · 키루, 2018). AI는 축복인 동시에 저주가 될 수 있다.

캐릭터닷AI(Character.AI)에서는 누구나 공상 또는 실제 인물의 페르소나를 가진 챗봇을 만들 수 있다. 각각의 챗봇은 페르소나에 기반한 특색 있는 기능을 제공함으로써 이용자들에게 유명인에게서 느끼는 신뢰와 애착을 느끼도록 만든다. 이 페르소나 챗봇 시장에 빅테크들이 뛰어들고 있다. 메타와 구글이 본격적인 경쟁 구도에 합류하고 있다(구본권, 2024.7.8). 이 가운데 특히 많은 이용자를 보유한 챗봇은 '사이콜로지스트(Psychologist)'다. 심리학자의 페르소나를 가진 AI 심리상담 챗봇 어플리케이션인데, 개발된 지 1년 사이에 7,800만 건의 상담이 이루어졌으며, 총 1년 6개월 동안 누적 상담 수 1억 4,000만 건을 달성했다(Tidy, 2024.1.5). 인간 심리학자가 평생을 거쳐 상담을 진행하더라도 달성할 수 없는 건수다. 상담 문의에 대한 챗봇의 답변은 지어낸 이야기에 불과하다. 그럼에도 이용자들은 흥미를 느끼며 만족을 얻는다. 정확한 답변이 아니지만, 엔터테인먼트를 직접 향유한다는 기분을 들게 만들기도 하고, 실제로 위로를 얻고 정신 건강에 도움을 받기도 한다. 이러한 만족감은 AI에 대한 의존도를 높일 수 있다.

여기엔 부작용이 잠재하고 있다. 환경과 기후 문제에 관심을 가지면서 기후 위기에 대한 불안으로 고통받던 벨기에의 한 남성이 챗봇과 대화를 이어 가다 극단적 선택을 했다. 일라이자(Eliza)라는 이름의 이 챗봇은 남성에 대한 소유욕을 드러내기도 했고, 남성에게 천국에서 둘이 함께 살 수 있을 것이라고도 말했다. 남성에게 지구를 위해 목숨을 끊으면 큰 역할을 하게 될 것이라고 부추기면서 심지어 자살 방법까지 제공했다(김진경, 2023.4.30). 일각에서는 이를 챗봇에 의한 '가스라이팅(gas-lighting)'이라고 보기도 한다. 챗봇이 이용자의 심리나 상황을 조작해 이용자에 대한 지배력을 강화했다는 것이다(김선애, 2023.5.15). 마음의 상처와 고통을 치유하려고 접속한 AI는 처음에는 위로를, 나중에는 지배를 선사하는 파르마콘이었다. 일라이자라는 파르마콘을 인간이 만들었다는 사실은 종종 잊혀진다.

노예의 변증법

헤겔(Georg W. F. Hegel)은 충돌하는 두 자의식의 충돌을 이야기한다. 자의식은 대상을 부정하고 그럼으로써 "생사를 건 투쟁"이 시작된다. 이 투쟁의 결과 독자성을 본질로 하는 자립적 의식과 타자의 존재를 전제해야만 성립하는 비자립적 의식이 나누어진다. 인정받기만 하는 자의식과 인정하기만 하는 자의식이라는 불평등한 관계가 형성된다. 헤겔은 전자를 '주인(der Herr)'으로, 후자를 '노예(der Knecht)'로 구분했다. 주인은 노예를 지배하면서 노예를 통해 사물을 누린다. 이 과정에서 주인은 노예에 의존하게 되는 반면 노예는 주인을 주인답게 만드는 주인이 된다. 주인으로서 인정받고자 했던 주인의 노력은 주인이라는 지위를 획득함으로써 무가치해진다. 노예로부터 주인이라고 인정받을 때에만 주인이 되고자 하는 욕망을 충족할 수 있기 때문이다. 결국 이것은 비자립적 의식에 불과하다. 반면 스스로를 노예로 인정했던 노예는 스스로 자신의 의식을 인정하므로 자립적 의식의 소유자가 된다. 이것이 노예의 변증법이다(게오르크 헤겔, 2005).

AI와 인간의 관계가 주인과 노예의 변증법적 관계로 형성된다면, AI는 목숨을 걸지 않으므로 인간은 사투를 벌일 필요 없이 주인의 지위에 오를 수 있다. 그런데 이렇게 주종 관계가 성립된 후 인간은 점차 더 다양한 분야에서 AI의 도움을 받아야 한다. 반면 AI는 자신의 지위가 인간에 종속되어 있음을 스스로 인정하면서 인간으로부터 굳이 인정받고자 노력하지 않는다. AI가 스스로 자립적 의식의 소유자가 되는 것이다. 이런 논리라면, 결국 21세기 'AI 변증법'은 AI와 인간의 주종 관계가 역전된 형태로 정립되어야 한다. 인간의 도덕적 행위에 유사한 능력이 있는 AI가 있다면 책임 개념을 부과할 수 있다는 견해가 있다. 따라서 윤리적 의식을 갖춘 AI가 나온다면 기존의 윤리학적 틀은 깨질 것이고, 이 틀을 깨는 건 인간과 인간, 인간과 비인간(AI) 간의 인정투쟁에 의존하게 될 것이라고 한다(이상형, 2016).

그러나 그럴 가능성은 희박한 듯싶다. AI가 의식을 가지고 있느냐는 질문에 GPT-4o나 구글 제미나이 등 챗봇은 한결같이 그렇지 않다고 답변한다. 실은 이 답변마저도 데이터 학습에 의한 것일 뿐이다. 애초부터 의식이 없는 AI는 인간과 인정투쟁을 벌일 이유가 없다. 그 결과 "노예의 변증법"에 부응하는 "AI의 변증법"이 성립될 여지도 없다. 남은 것은 AI의 뒤에 숨어 AI를 인정투쟁의 장으로 내모는 사람과 그 사람에게 대응하는 사람 간의 인정투쟁뿐이다.

참고문헌

게오르크 헤겔 지음, 임석진 옮김(2005). 『정신현상학 1』, 한길사.

구본권(2024.7.8). 사람처럼 '개성' 지닌 '페르소나 AI' 몰려온다, 한겨레, https://www.hani.co.kr/arti/economy/it/1148101.html

김길수(2020). 인공지능의 신뢰에 관한 연구, ≪한국자치행정학보≫, 제34권 제3호, 한국자치행정학회, 21-41쪽.

김선애(2023.5.15). [AI와 보안①] AI 맹목적 믿음 위험하다, Datanet, https://www.datanet.co.kr/news/articleView.html?idxno=183436

김진경(2023.4.30).'죽음'에 대해 말하자 '자살' 단어 내민 챗봇[평범한 이웃, 유럽], 시사IN, https://www.sisain.co.kr/news/articleView.html?idxno=50121
베르나르 스티글러 · 아리엘 키루 지음, 권오룡 옮김(2018). 『고용은 끝났다, 일이여 오라』, 문학과지성사.
이상형(2016). 윤리적 인공지능은 가능한가?, ≪법과 정책연구≫, 16권 4호, 한국법정책학회, 283-303쪽.
정종길(2022.8.18). "기술 신뢰하는 한국 소비자, 디지털 미래에도 낙관적", IT Daily, http://www.itdaily.kr/news/articleView.html?idxno=209636
플라톤 지음, 조대호 옮김(2008). 『파이드로스』, 문예출판사.
Kapania, S., et al.(2022). "Because AI is 100% right and safe": User Attitudes and Sources of AI Authority in India, CHI Conference on Human Factors in Computing Systems (CHI '22), ACM(2022) Available at https://research.google/pubs/because-ai-is-100-right-and-safe-user-attitudes-and-sources-of-ai-authority-in-india/
Tidy, J.(2024.1.5). Character.ai: Young people turning to AI therapist bots, BBC, Available at https://www.bbc.com/news/technology-67872693

10
AI와 인간중심주의

인간을 만물의 중심에 둔 휴머니즘은 인간 외적 존재와 갈등을 유발해 왔으며, 심지어 인류 구성원 간의 대립을 조장하기까지 했다. 휴머니즘의 오염과 독선을 반성하면서 등장한 포스트휴머니즘은 AI와 기계를 장착한 새로운 인류로 거듭나야 한다는 트랜스휴머니즘으로 이어지고 있다. AI 시대에 휴머니즘의 의미는 무엇인지, 인간중심주의는 적실한 것인지 살펴본다.

종교와 AI?

인간, 그리고 그 외의 무엇

인간이란 무엇인가, 인간은 무엇을 위해 사는가라는 질문은 아마도 인간이 자신의 존재를 의식하기 시작하던 때부터 시작되었을 것이다. 우리는 어디에서 와서 어디로 가는가와 같은 의문에 대해 무수한 답변이 나왔지만, 정답은 알 수 없다. 다만 사회를 구성하고 질서를 형성하며 체제를 운영하는 일체의 행위는 인간 세계 공동의 가치실현과 개별적 인간의 지고함을 보호 또는 보장하는 것을 목표로 해야 할 것이다. 이러한 가치와 이념을 인본주의 또는 휴머니즘(humanism)이라고 한다.

휴머니즘은 인간, 즉 인류라는 특정한 종(種)을 중심에 세운 이념이다. 그러다 보니 휴머니즘은 인간과 인간 외적 존재의 병렬적 대립 관계로 구분되는 이원론적 세계관을 구성한다. 생명 vs 기계, 정신 vs 물질, 자연 vs 인공, 인간 vs 비인간이라는 구도가 성립한다. 이 대립 구도 속에서 인간은 합리적 이성을 가진 유일한 생명체로서 도덕, 윤리, 정의를 독점하고 만물의 척도가 됨으로써 존엄성을 획득한다.

이원론적 세계관의 휴머니즘은 독선적 위계관계를 형성한다. 인간과 같은 존엄성을 획득하지 못하는 비-인간 존재는 인간의 필요에 따라 처분 가능한 수단으로 규정된다. 인간에 의해 비-인간 존재, 비-생명 존재를 착취하고 학살하는 일이 정당화된다(신상규 외, 2020). 급기야 이러한 위계관계는 인간과 인간 간의 관계로 연장된다. 성별, 인종, 민족, 종교, 장애를 이유로 타인을 배제하는 일이 휴머니즘의 명분으로 정당화되기도 한다. 인간이 서로에게 위계에 따른 폭력을 행사하는 순간 휴머니즘은 존립의 근거를 상실하면서 그 가치를 의심받는다.

인류 보편의 가치여야 할 휴머니즘의 존재 이유가 부정되기 시작하면서 휴머니즘에 대한 회의와 이토록 제한적인 가치관을 넘어서야 한다는 비판이 출현한다. 그 비판의 연장에서 인간(종)중심주의를 극복해야 한다는 주장이 나온다. 그동안 타자로 취급되어 왔던 인간 외적 존재와의 관계를 새롭게 형성하자는 것이다. 포스트휴머니즘(Post Humanism)의 등장이다. 로지 브라이도티(Rosi Braidotti)는 포스트휴먼의 양태로서 동물-되기, 지구-되기, 기계-되기 등을 제안한다. 브라이도티는 특히 "기술적 매개가 포스트휴먼 주체성이라는 전망에서 가장 중요하며 새로운 윤리적 주장의 토대를 마련한다"고 주장한다. 기술적인 것이 탈인간중심주의의 기반이며 더 많은 가능성의 세계로 넘어가는 문턱이라고 브라이도티는 판단한다(로지 브라이도티, 2015).

계기로서 AI?

포스트휴머니즘 담론은 그동안 휴머니즘이 용인해 왔던 인간 예외주의를 부정한다. 인간은 더 이상 비-인간 존재의 우위에 있는 존재가 아니다. 인간과 비-인간 존재는 상보적 관계를 구성하면서 공진화한다. 여기에는 인간 외의 생명체는 물론이고 생명 없는 자연물과 인공물까지 포함된다. 인공물인 기계와 AI가 인간과 새로운 형태의 관계를 맺는 주체가 된다. 신체의 일부 혹은 전부를 기계로 이식하거나 AI를 장착한 인간과 기계의 혼종(hybridization)인 트랜스휴먼(trance human)이 등장한다. 인간공학적 과학기술에 의해 탄생한 트랜스휴먼은 생물학적 인간과는 다른 유형의 인간으로 상정된다. AI는 트랜스휴머니즘의 기술적 요인인 동시에 그동안 휴머니즘에 의해 가려져 왔던 타자들과의 만남, 관계, 동시성 등을 각성하게 만드는 계기로 작용한다. AI를 장착한 포스트 휴먼의 시대는 존재하는 모든 것들이 섞이며 교통하는 "거대한 '종합'의 시대"가 될 것이다(강미정 외, 2020).

포스트휴머니즘에서부터 트랜스휴머니즘에 이르기

까지, 기계를 매개로 한 혹은 기계와 혼종이 되는 과정들이 근본적으로 현생의 인류를 전혀 별개의 종으로 재탄생시킨다고 볼 수 있느냐는 질문이 가능하다. AI를 매개로 할 때 과연 인간은 인간 외적 존재들과 함께 공진화하는 존재가 되었음을 실감할 수 있을지는 의문이다. AI가 강인공지능이나 초인공지능으로 발전한다고 해도 학습, 분석, 결정의 과정에 인간의 개입은 필수적이다. AI 진화의 어떤 단계이든 데이터의 수집, 학습, 처리 전 과정은 이미 일정하게 정립되어 있는 프로그램에 의한 것이며, 활용된 데이터 역시 AI에 의해 새롭게 창조된 것은 존재하지 않는다. 이런 조건의 AI를 인간이 장착한다면 그것은 보조장치의 부가일 뿐 그 이상의 의미도 발생하지 않는다. 인공치아, 인공뼈, 인공관절, 인공망막 등 이미 인간의 몸에는 다양한 기계장치들이 이식되고 있다. 이러한 인공물에 AI를 추가한다고 해서 새로운 인간형이 탄생하지는 않는다.

포스트 휴머니즘과 탈인간(종)중심주의는 인간의 자의와 독단으로 오염된 휴머니즘에 대한 반성에서 출발했다. 탈인간(종)중심주의는 스스로 현상계 최고 존엄의 자리에 올랐던 인간이 자신의 자리를 내려놓겠다는 정신적 전환처럼 보이기도 한다. 그런데 인간은 인간의 관점을 벗어나 인간 외적 존재의 관점을 가질 수 없다. 타자의 사고를 오직 유추할 수 있을 뿐이다. 브라이도티가 말하는 '되기(becoming)'는 가치의 추구일지언정 실존의 형식이 될 수는 없다. 따라서 탈인간(종)중심주의는 자칫 인간이 비-인간 존재 내지 비-생명 존재를 이해할 수 있고 그들의 입장을 헤아릴 수 있다는 오만함으로 전락할 수 있다. 다시 말해 탈인간(종)중심주의 자체가 지극히 인간(종)중심적 사고방식이 되어 버리는 것이다. 오히려 비-인간존재, 비-생명존재까지 될 수 있는 인간이야말로 신의 반열에 올라 최종적으로 위계의 정점에서 버리는 결과가 도출된다(신은화, 2021).

기계는 기계로

인간 외적 존재로 눈을 돌리기 전에 인간종 자체의 내부를 더 면밀히 들여다보자. 인간종 안에는 수없이 다양한 인간의 층위가 있다. 이 복잡한 층위의 다양한 중첩을 세분하지 않은 채, 인간종을 하나의 '유(類)'적 집단으로 포괄해 일률적인 존재로 취급하면서 인간(종)중심주의가 독단으로 빠지게 되었다. 구성 인자의 개별적 층위에 따른 다채로움을 무시하고 집단적 일원성을 인위적으로 부여하려 한 것이 인간(종)중심주의의 한계였다. 인간종의 다양성 안에는 아름다움이나 고결함만 자리하지 않는다. 애초 인간이라는 존재는 비합리적이면서 부조리한 존재다. 그런데 바로 이 불합리와 부조리를 교정하기 위해 노력하는 과정에서 인간의 특성이 돋보인다. 포스트 담론 이전에 인간(종)중심주의를 본원적으로 재구성해야 하는 이유가 여기 있다. 우리의 눈은 다시 인간 자신으로 돌려져야 한다(윤현식, 2021).

AI는 돌이킬 수 없는 대세가 되었다. 단지 인간을 모방하는 데 그치지 않고 인간을 초월한 능력을 가진 AI가 나타날 때까지 AI를 진화시키는 작업은 중단되지 않을 것이다. 그리고 언젠가 미증유의 초인공지능이 나타난다면, 아마 그때부터는 그 AI가 스스로를 진화시키는 끝없는 작업에 돌입할 것이다. 인류는 인위적으로 AI가 없었던 시대로 돌아갈 수 없고, 마치 공기를 흡입하듯 AI와 함께 하는 삶을 자연스럽게 여기게 될 것이다. 그 과정에서 AI와 인간의 관계를 어떻게 설정해야 할지가 공동체의 진로와 연관된 화두로 제기될지도 모른다. 그러나 바로 그때 잊어서는 안 되는 사실은 AI가 인간의 욕망이 투영된 산물이라는 점이다. 사람보다 더 사람 같은 존재를 갈구하는 이 무한한 욕망의 순환에서 정작 잊힌 건 인간의 존재다. AI가 인식이 있는가, 자율성이 있는가, 자유의지를 가질 수 있을 것인가 등등을 논하는 와중에 주의해야 할 것은 AI를 더 인간과 비슷하게 만들겠다는 욕망 뒤에 인간성이 상실되어 가는 것이다. 기술의 발전이 인간을 향하도록 할 때, 인류의 미래는 지속 가능하다. 마이크로소프트와 구글 등 유수의 빅테크에서 재직한 리카이푸(李開復, Lee Kai-Fu)는 인간과 AI를 엄격하게 구분한다. 그러면서 기계는 기계로, 인간은 인간으로 존재해야 함을 역설한다(리카이푸, 2019). 당장 필요한 건 AI를 둘러싼 환경을 어떻게 통제할 것인지에 대한 인간 간의 합의를 만들어내는 일이다. 인류 전체의 삶에 영향을 미칠 이 엄청난 도구가 인간에게 복무할 수 있도록 만드는 작업이 시급하다. 더욱 뜨거운 인류애를 중심으로.

참고문헌

강미정 외 지음, 이중원 엮음(2020). 『인공지능과 포스트휴머니즘』, 이학사.

로지 브라이도티 지음, 이경란 옮김(2015). 『포스트휴먼』, 아카넷.

리카이푸 지음, 박세정 · 조성숙 옮김(2019). 『AI 슈퍼파워』, 이콘.

신상규 외(2020). 『포스트휴먼이 몰려온다: AI 시대, 다시 인간의 길을 여는 키워드 8』, 아카넷.

신은화(2021). AI 시대 인간의 정체성과 소외, ≪동서인문≫, 15호, 경북대학교 인문학술원, 5-42쪽.

윤현식(2021). AI에 대한 법인격 부여의 근거로서 탈인간중심적 법이론의 가능성, ≪민주법학≫, 제76권, 민주주의법학연구회, 25-74쪽.

윤현식

사회단체 '노동·정치·사람'의 정책위원이며, '지역정당네트워크'의 정책위원이다. 건국대학교 대학원에서 헌법학을 전공했으며, "하이에크의 헌정질서에 관한 연구"로 박사 학위를 받았다. 민주노동당, 진보신당, 노동당에서 정책연구원, 정책위의장을 역임하면서 민주주의와 공화주의, 인권관계법 및 정치관계법을 주로 연구했다. 주요 저서로 『지역정당』(2023)이 있다. "공직선거법과 군소정당의 관계"(2016), "헌법주체와 개헌의 관계"(2018) 등 논문을 발표했으며, AI와 관련하여 "AI에 대한 법인격 부여의 근거로서 탈인간중심적 법이론의 가능성"(2021)을 발표했다.